살다 살다 프리랜서도 다 해보고

별의별 퀘스트를 다 깨는
에디터들의 인생 성장기

오한별
유승현
김희성

살다 살다 프리랜서도 다 해보고

자이언트북스

프리랜서는 프리한데, 프리하지 않다. 프리랜서들은 이 말 뜻이 뭔지 알 것이다. 원하는 만큼 계속 프리하게 산다면 험한 꼴을 면치 못할 것이다. 프리하지 않게 일을 해야 프리랜서로서의 삶을 영위할 수 있다. 아이러니다. 프리랜서의 삶이란 대체 무엇인지 궁금하다. 이 책을 읽으면 된다. 오한별, 유승현, 김희성은 비슷해 보이지만 각자의 꿈이 다르고, 살아가는 방식 역시 엄청나게 다른 프리랜서들이다. 책을 읽다 보면 다양한 프리랜서의 삶을 생각해보게 된다. 프리랜서 선배들의 친절한 생활 가이드도 포함돼 있으니 실질적인 도움도 받을 수 있을 것이다.

프리랜서라는 단어만큼 모호한 게 없다. 만약 '세계 프리랜서 연합회' 같은 게 있다고 상상하면(가칭 '세프련'이라고 하자, 셰프 연합회 같긴 하지만) 모여서 어떤 이야기를 하게 될까? 정말 아무 이야기나 하게 될 것이고, 수십만 가지의 화제가 오갈 것이다. 그렇지만 모두 화기애애하게 열띤 이야기를 나누게 될 것이다. 프리랜서는 특정한 분야가 아니라 삶의 태도이기 때문이다. 목표와 성취를 공유하는 사람들이 아니라 어떻게 살아갈 것인지에 대한 방법을 공유하는 사람들이기 때문이다.

알고 보면, 우리는 누구나 프리랜서다. 한때 프리랜서였거나 지금 그렇거나 앞으로 언젠가 프리랜서로 살아가게 될 것이다. 어딘가에 소속된 채 계속 살아갈 수는 없다. 남에게 의지하지 않고, 자신의 룰대로 자신에게 소속된 채 살아가는 사람을 프리랜서라고 부른다면, 우리는 누구나 한 번쯤은 프리랜서로 살아야 한다. 제목처럼 '살다 살다 프리랜서'도 다 해볼 수밖에 없는 우리들의 삶에 꼭 필요한 질문을 던지는 책이다.

＊김중혁(소설가)

❖ 차례 ❖

유승현 * ———————— 애매한 성실은 필요 없어

김희성 * ──────── 나는 또 무엇이 될 수 있을까?

부록 |

아이러니하게도 사람을 더욱 우울하게 하는 건 혹독한 추위보다 따사로운 봄볕이다. 평소와 다름없이 출근해 일하다가 점심을 먹고 사무실로 돌아가는 길, 누구나 한 번쯤 이런 생각이 들었을 것이다. '회사로 다시 들어가고 싶지 않아.'

분명한 것은 회사를 다니는 한 나의 봄은 또 그렇게 지나간다는 것이다. 어떤 사무실이든 왜 이렇게 으슬으슬한 걸까? 따스한 사무실은 없나? 지금 생각해보니 차가운 형광등 불빛 때문에, 마음의 추위 때문에 더 그렇게 느꼈던 것 같다. 사무실에는 죄가 없다. 정말로.

이 책에 등장하는 어느 프리랜서의 시작은 '봄을 마음껏 즐기고 싶다'는 것이었다. 여느 때처럼 출근한 어느 날, 봄 햇살을 도저히 참을 수 없어서 충동적으로 반차를 썼다. 햇살이 가장 쨍쨍하게 내리쬐는 오후 2시, 집으로 향하는 버스 안에서 멍때리다 문득 이런 생각이 스쳐 지나갔다. '반차처럼 살고 싶다!' 내가 좋아하는 일을 하면서 봄볕도 누리는 그런 삶. 기력이 소진돼 보리차를 끓여 마실 여유도 없던 그 직장인은 반차처럼 사는 것이야말로 무너진 일상을 회복하는 최선의 대안이란 생각이 들었다. 좋아하는 일을 오래 하고 싶은데 회사에서는 아무리 생각해도 답을 찾을 수 없었기 때문이다.

사람은 생각한 대로 살게 된다고 했던가. 그로부터 몇 년 뒤 정말로 반차처럼 살고 싶다는 꿈을 실현하게 됐다. 매일 아침 방에서 거실로 출근하고 이른 오후에는 한산한 헬스장에서 운동을 하거나 때때로 전시를 보고 카페에 간다. 퇴근 러시가 시작되는 오후 5시 전에 지하철을 타고 귀가한다. 여유 있게 저녁을 먹고 나서 남은 일을 하거나 쉰다. 하루 업무 틈틈이 책도 읽고 낮잠도 슬쩍 끼워 넣는다.

혼자 일하기의 기쁨은 해보지 않은 사람들은 잘 모를 것이다. 사회에서 설정해놓은 시간대가 아닌 나에게 가장 잘 맞는 속도와 호흡으로 일하다 보니 업무 효율은 높아지고 스트레스도 확실히 줄어든다. 예전에는 집에 보일러 수리를 해야 한다거나 은행 또는 관공서 방문 등 시간이 많이 걸리는 개인적인 일이 있을 때면 반차나 연차를 써야 해 작은 것이라도 버겁게 느껴졌다. 지금은 그런 스트레스 없이 나 자신과 집을 돌보며 일할 수 있다. 무엇보다 사랑하는 사람들과 보내는 시간과 일상의 소소한 기쁨을 포기하지 않아도 된다.

프리랜서의 또 다른 장점은 에너지를 쓸데없이 낭비하지 않아도 된다는 것이다. 날마다 지옥철을 타고 출퇴근하지 않아도 되고, 의미 없는 회의를 안 해도 된다. 무엇보다 조직의 비효율성을 견디지 않아도 된다. 특히 인간관계가 힘들다. 회사에서는 여우처럼 굴면서 보기 싫은 사람에게도 웃는 얼굴로 대하고 가끔 어울려야 한다. 최악은 공과 사를 구분하지 못하고 기분이 태도가 되는 동료를 만났을 때다. 예를 들면 화장실에 졸졸 따라와 나에게 부정적인 감정을 쏟아내며 에너지를 빼앗는 '에너지 뱀파이어'다. 이들은 보통 키보드를 부서져라 내려

치거나, 아무리 멀리 앉아 있어도 들릴 정도로 땅이 꺼져라 한숨을 쉬기도 하고 발도 쿵쿵 구른다. 본인의 불편한 심기를 남들이 알아채길 바라는 것이다. 할 일은 많고 업무 시간은 한정적인데 이런 사소한 것에 신경 쓰다 보면 업무에 집중하지 못할 때가 많다. 그래서 직장인 중에는 남들이 모두 퇴근하고 고요해진 사무실에서 그제야 제대로 일을 시작하거나 심할 때는 공휴일에 혼자 출근한 적도 분명 있었을 것이다.

당연히 프리랜서라도 인간관계를 아예 끊어내고 살수는 없지만, 적어도 회사 동료들 때문에 쓸데없이 진을 뺄 필요가 없다. 남들이 뒤에서 뭐라고 수군대든 매일 보는 사람이 아니니 신경 끄면 그만이고, 같이 어울리지 않는다고 동료들과 사이가 멀어질까 걱정할 필요도 없고, 눈치 보느라 퇴근하지 못한 채 억지로 야근하는 것도 프리랜서에게는 해당되지 않는다. 아무도 나를 언짢게 하거나 신경 쓰이게 하지 않는다. 그래서 그 시간과 에너지를 일에 온전히 쏟을 수 있다.

무엇보다도 맡고 싶지 않은 일을 거절할 수 있을 때

프리랜서 하길 잘 했다는 생각이 든다. 프리랜서로서 좋은 기회도 많이 오지만 간혹 거절해야 할 의뢰도 받기 마련이다. 상대방이 현실적으로 해낼 수 없는 일을 의뢰할 때 프리랜서는 "죄송합니다. 어려울 것 같아요." 한마디로 끝낼 수 있다. 직장인이라면 그렇게 간단히 거절할 수 있을까? 회사에서는 누가 어떤 일을 요청해도 일단 긍정하지 않으면 마음이 무거워진다. 그러나 프리랜서에게 거절은 그리 어렵지 않다. 물론 일감이 늘 나를 기다려주는 건 아니지만 만족도가 떨어지는 일에 굳이 에너지를 소모할 필요는 없다. 앞날을 책임질 수 있다면 하고 싶은 일, 감당할 수 있는 일만 골라 해도 된다. 그게 프리랜서의 본질적인 매력이 아닐까?

프리랜서 초창기에는 생각보다 신나거나 유쾌하지 않다. 매일 밤 불확실한 미래를 걱정하느라 늘 긴장하고 불안할 것이다. 하지만 이 책의 프리랜서들은 당당하게 말한다. 아무리 고민해봐도 같은 선택을 했을 거라고. 프리랜서는 일한 만큼 존재감을 드러낼 수 있으니까.

일상이 무너진 듯한 기분이 들고 무엇을 시도하든 도

저히 회복될 기미가 보이지 않을 때, 프리랜서는 과감히
실행해봐도 좋을 삶의 형태다. 한 번 해본 이들은 입을
모아 이렇게 말한다. "이렇게 좋은 줄 알았다면 진작 할
걸." 그리고 이 책은 프리랜서의 길을 걷고 있는 멋있는
세 사람의 존재감 넘치는 이야기다.

———————————————————— 오한별 * 유승현 * 김희성

오한별

유독 고달픈 날에는 빵을 먹는다

그래서 경열이 딸은
뭐 한다고?

내가 사는 오피스텔에는 주로 신혼부부, 어린 자녀를 둔 3~4인 가족이 모여 산다. 같은 라인에는 3,500여 세대가 사는 대규모 아파트 단지가 있다. 근처에 어린이집을 비롯해 초등학교, 중학교, 고등학교까지 있어서 동네 분위기는 단란한 편이다. 저녁이면 강아지와 산책하는 가족들을 보며 생각에 잠긴다. 이 동네에 나 같은 1인 가구는 몇이나 살고 있을까? 곰곰히 생각해보다 혹시 나 혼자만 남겨진 건 아닐지 조금 쓸쓸해졌다. 낮에는 파자마 겸 실내복 대용으로 입는 맨체스터 유나이티드 유니폼을 입고 밖에 나가 주위를 어슬렁거리거나 남들은 회사로 출근하는 시간에 필라테스 학원으로 출근하는 나. 분명 백수는 아니지만 마감이 코앞일 때는 집 안에 틀어박혀 있다가 꾀죄죄한 몰골로 햇볕 쬐러 나오는 나는 동네 사람들에게 어떻게 보일까? 관리인 아저씨가 "아가씨는 무슨 일 해?"라고 물으면 뭐라고 말해야 할까?

프리랜서 에디터가 된 지 햇수로 3년, 요즘도 나는 자기소개를 하는 게 그렇게 어려울 수가 없다. 동료나 친구들은 내 일에 대한 이해도가 높지만, 어른들은 아직도 그렇지 못하다. 우리 부모님은 최근까지도 나를 직장인이라고 믿고 있었다. 어쩌면 지금까지도 '쟤가 지금은 저래도 언젠간 정신 차리고 회사 들어가겠지'라고 생각하고 계실지도 모른다. 가끔 본가에 내려가면 아빠 친구들과 종종 마주칠 때가 있다. 그럴 때마다 아빠와 친구들은 느릿느릿한 충청도 사투리로 "어이, 어디 가는 거여, 밥은 먹었고?"라는 식으로 간단한 안부를 건넨다. 내가 어색하게 인사하면 아빠 친구들의 다음 질문은 이것. "그래서 경열이 딸내미는 무슨 일 한다고?" 아빠는 당신의 딸내미를 '서울에서 기자 일 한다'고 간단하게 소개한다. 딱히 틀린 말은 아니다. 어른들이 내 직업에 대해 물어보면 3박 4일간 프레젠테이션을 할 수도 있겠으나, 때론 상대와 상황을 봐가며 대답하는 게 편했다. 특히 부모님이나 다른 어른께는 신문 기자니 잡지 기자니 그 '기자'라는 타이틀이 참 잘 먹혀서 종종 써먹는다.

아무튼 어른들이 내 직업을 이해 못 하는 상황은 자주 생긴다. "프리랜서로 이런저런 일을 하고 있어요"라고 답하면 명함만 수십 장 있는 사기꾼 같아 보일까 걱정되긴 한다. 그렇다고 기분이 상하진 않는다. 어른들에게 프리랜서라는 단어가 생소하고 독특하게 느껴질 수도 있으니까. 몇 년 전 맞선 자리에서 만난 어떤 남자와의 대화를 떠올리면 지금도 웃프다. 대략 이런 식이었다.

"어느 회사 다니세요?"

"아, 저는 출퇴근은 안 해요. 프리랜서 에디터로 일하고 있어요."

"아…. 방송국 PD라고 들었는데 프리랜서면 구직 중인가요?"

엥? 웬 방송국 PD? 어리둥절한 내 표정을 보며 남자는 실망스러운 눈빛을 애써 감추고 설명했다. 알고 보니 주선자였던 집안 어르신은 내가 연예인과 인터뷰한다는 이유만으로 방송국에서 일한다고 오해하셨고, 상대방은 나를 PD로 착각하고 맞선 자리에 나온 것이다. 남자는 갑자기 근엄한 면접관으로 빙의하여 내 이력을 꼬치꼬치 캐물었고, 본인 회사에 '신입'으로 추천해주겠다며 너른 아량을 베풀었다. 할 말은 많았지만 앞으로 볼 일 없을 테니 그냥 웃어넘겼는데, 지금 생각해보니 나 완전 보살이잖아?

또 어느 날은 광고회사 팀장으로 재직 중인 대학 선배가 고민을 털어놨다. 후배들이 일을 못해서 맨날 야근한다는 얘기, 이직하고 싶은데 갈 만한 회사가 없다는 얘기, 클라이언트와 커뮤니케이션이 잘 안 된다는 얘기. 그렇게 신명 나게 털어놓고는 마지막에 한마디로 내 말문을 막히게 했다. "근데 너 회사 안 다녀서 이해 못할 텐데 괜히 얘기했네." 저기요. 나도 회사 다녔거든? 프리랜서도 사회생활 하거든?

내 생각에 직업소개는 자기소개보다 좀 더 애매한 것 같다. 매거진 어시스턴트를 거쳐 정식 기자가 되었을 때는 명함 한 장만으로도 설명이 충분했다. 지금은 "어떤 일 하세요?"라는 질문을 받으면 아주 잠시지만 주저하게 된다. 기사를 쓸 때는 기자나 에디터가 되지만, 광고 비주얼을 제작할 때는 '비주얼 디렉터'라든가, '스타일리스트'로 불리기도 한다. 인터뷰로 만난 연예인들은 간혹 나를 '작가님'이라고 부르기도 한다. 방송국으로 치면 나는 PD와 작가의 일을 동시에 하는 걸까?

오한별

최근 미국 여행을 앞두고 비자를 만들었다. 직업을 고르라는 문항 앞에서 나는 한참 머뭇거렸다. 예전에는 직업을 당당하게 선택했고, 더구나 분류표에서 해당 항목을 쉽게 찾을 수 있었다. 하지만 지금은 그 어떤 목록에도 내 처지에 맞는 직군을 고를 수 없다. 아니, 직업의 세계가 얼마나 다양하고, 이 세상에 프리랜서가 얼마나 많은데 그게 없나 몰라. 결국 제일 선택하고 싶지 않은 'Unemployed'를 선택했다.

　　이런 것에서 서운해지는 건 어쩌면 자연스러운 변화일지도 모른다. 크고 안정된 조직의 부속품에서 나만의 작고 소중한 시스템을 갖추고 홀로서기 위한 과정인 것 같기도 하다. 내 상황을 이해하고 받아들이니 아빠가 여전히 내 직업을 몰라줘도 이제 속상하지 않다. 회사 밖에서도 어찌 됐든 나를 잘 거둬 먹이고 있으니 이 정도면 내가 가는 길도 썩 괜찮지 않나 싶다.

패션 세계의
이상과 현실

고등학생 때부터 패션 에디터를 하고 싶다면서, 남들은 빅뱅 사진을 잘라서 필통에 붙일 때 나는 잡지에서 에르메스 버킨백과 샤넬 진주 목걸이 사진을 오려 공책에 붙이고 놀았다. 1년에 두 번, 4대 패션 위크의 컬렉션 하이라이트만 모아서 출간하는 《보그》의 컬렉션 북은 옆구리에 끼고 살았다. 그 책에 등장하는 디자이너, 모델, 셀러브리티 이름을 모조리 외울 정도였다. 친구들과 주말에 서울로 놀러가면 고속버스터미널 안에 위치한 영풍문고에 들러 문제집 대신 해외 패션 매거진을 사느라 용돈을 탕진해서 엄마에게 혼난 적도 여러 번이었다.

《보그 코리아》는 당시에 내가 가장 즐겨 봤던 잡지였다. 몇 장에 걸쳐 옷, 가방, 신발, 액세서리 등 그 달의 신상품을 잔뜩 모아 소개하는 코너가 있었는데, 난 요런 페이지들을 읽으며 노는 걸 좋아했다. 브랜드 이름과 가격 등 캡션을 읽지 않은 상태에서 디자인만 보고 내 마음에 드는 건 이거다, 하며 콕 찍는 게 얼마나 재밌던지. 패션 화보는 또 어찌나 볼 맛이 나던지. 장윤주, 송경아, 혜박, 한혜진 등 슈퍼 모델들이 등장하는 웅장하고 화려한 사진 속에 푹 빠져들었다.

나는 왜 그토록 아름답고 무용한 것들을 좋아했을까? 추론해보자면 이렇다. 내 고향 충청북도 제천시는 예부터 '노잼' 도시로 명성이 자자했다. 즐길 거리가 전혀 없는 도시라는 의미다. 대도시처럼 문화생활을 영위할 만한 미술관이나 공연장은 꿈도 못 꿨고, 대형 서점은커녕 동네마다 학원 문제집을 파는 작은 서점밖에 없었다. 하나 있던 극장은 귀신이 나온다는 루머 때문에 김지운 감독의 〈장화홍련〉을 관람한 이후로 가본 적이 없다. 그렇다고 공부에도 딱히 취미가 없으니 이 지루한 도시에서 할 일이라고는 방과후 친구들과 캔모아에서 매거진을 보며 노닥거리는 것이 유일했다.

다른 선택지 없이 한 우물만 팠고, 어찌어찌 운 좋게 패션계 바닥에 발을 들여놓긴 했다. 에디터가 됐으니 꿈을 절반은 이룬 셈이다. 스물다섯에 어시스턴트를 시작한 이후로 상상이 곧 현실이 되었다. 매달 명품 브랜드의 신제품들로 화보를 찍었으며, 가끔은 손이 바들바들 떨릴 정도로 값비싼 주얼리와 시계를 만졌다. 이것들로 화보를 찍을 때는 해당 브랜드에서 흰 장갑을 낀 가드를 함께 보냈다. 사람 대신 보석을 지키는 경호원이라니 냉소를 지을 수도 있겠지만 차라리 감사했다. 억대에 달하는 보석에 흠집을 내서 내 인생을 종치고 싶지 않았으니까. 브랜드의 프레젠테이션에 초대받아서 서울 시내의 유명 백화점과 호텔, 갤러리를 드나들었으며, 아직 출시되지 않은 뷰티 제품을 먼저 받아서 미리 사용해보기도 했다. 어디 그뿐인가. 시즌마다 열리는 디자이너들의 컬렉션 런웨이를 눈앞에서 감상하거나 유명 뮤지션들이 모인 애프터 파티를 즐겼고, 평소 선망하던 아티스트나 셀러브리티를 직접 만나 인터뷰할 기회도 있었다.

꿈꾸던 직업과 일을 갖게 됐으니 평생 재미나게 살 줄 알았다. 하지만 인생은 뜻대로 흘러가지 않는 법. 상상이 현실이 되려면 정신적, 신체적 고통을 감수해야만 한다는 것을 깨닫게 됐다. 화보 촬영 전날 밤까지 소품을 못 구해 유튜브를 보면서 한 땀 한 땀 밤새도록 만들었고, 상품에 작은 흠집이라도 나면 홍보 담당자에게 용서를 구하고, 명품 수선집을 찾느라 서울 곳곳을 뛰어다녔다. 냄새만 맡아도 알레르기가 올라오는 재료로 음식 화보를 찍어야 했고, 마감 때 밀린 원고를 뽑아내느라 밥도 못 먹고, 화장실도 못 가며, 잠도 못 자는 상황이 매달 이어졌다. 브랜드 홍보 담당자들에게 광고 좀 달라며 구걸 아닌 구걸 같은 전화를 돌리는 건 예삿일이었다. 여기저기서 시달리던 나는 수면 부족과 면역력 저하로 인한 난치성 피부병을 얻었다.

건강을 잃자마자 한순간 번아웃이 찾아왔다. 당장 내가 아파 죽겠는데 비싼 보석과 가방이 무슨 상관이래? 내 마음이 지옥인데 아티스트 인생 얘기를 들어줄 여유가 있나? 내가 하는 모든 일이 부질없고 소모적으로 느껴졌다. 이렇게 밤새도록 일해서 매월 책을 만들어도 보는 사람이 있을까? 스스로도 결과물에 자신감이 떨어졌고, 일에 대한 재미와 흥미도 점점 퇴색돼 갔다. 그러던 찰나에 일을 쉬게 되었다. 그때는 매거진을 펼쳐보지도 않았다. 전부 일처럼 느껴져서 마음 편히 읽을 수 없었기 때문이다. 그렇게 잠시 일에서 멀어지니 예전에는 안 보이던 것들이 보였다. 잡히지도 않는 이상에 집중하느라 발 딛고 사는 현실을 받아들이지 못해 힘들었다는 걸. 주어진 일에 감사하지 못하고 불평불만을 와르르 쏟아내면서 스스로를 괴롭혔다는 걸. 결국 나를 힘들게 한 건 나라는 걸 깨닫게 됐다.

일희일비로 가득했던 시간을 뒤로하고 나는 프리랜서 에디터로 복귀했다. 이제는 몇억 원짜리 주얼리를 집어서 잠깐 숨 참고 과일 위에 올리거나 꼭두새벽부터 늦은 밤까지 자연의 풍광을 담기 위해 15시간씩 고생하며 촬영하는 일, 좀 더 예쁜 소품을 구하기 위해 시간을 더 들이는 일, 인터뷰이를 알아가고 질문지를 작성하는 일을 조금이라도 더 잘 해내고 싶다. 이 감정이 얼마나 갈지 모르겠지만 가능하다면 더 선명하게 느끼고 싶다. 내 평생에 잘하고 싶고 의미까지 있는 일을 만난다는 게 쉽지 않다는 걸 이제는 안다.

오한별

나만의
출근길 의식

프리랜서의 장점은 불규칙하고 자유로운 생활, 그러니까 출근 없는 삶이다. 이 얼마나 거부할 수 없는 달콤함인가. 하지만 집이 곧 회사인 프리랜서가 빠지기 쉬운 함정이 있다. 출근이 없다는 말은 곧 퇴근도 없다는 말이다. 처음에는 뭐가 이상한지 잘 와닿지 않는다. 침대에서 자고 일어나 바로 책상으로 출근하는 게 얼마나 편해. 온종일 파자마 차림으로 있어도 누구 하나 지적하지 않는데. 그런데 서서히 사람이 바뀌어간다. 나갈 일도 없는데 물 아깝게 머리는 감아서 뭐 하냐며 고도의 환경운동가로 변신하는 것이다. 이렇게 사는 게 편하다고만 생각했는데 거울 속의 꼬질꼬질한 내 모습이 싫어진다. 어느새 이게 사는 거냐며 자기혐오도 슬슬 밀려온다.

모순적이지만 프리랜서에게도 생활 루틴이 필요하다. 오래오래 건강하게 프리랜서 생활을 유지하고 싶다면 더더욱. 다시 말해 자유롭게 일하면서도 일상을 포기하거나 자존감을 잃지 않으려면 어느 정도 규칙에 얽매여야 한다. 그러기 위해서는 나만의 '의식'이 필요하다. 출근 모드로 나를 꾸역꾸역 길들여 놓는 것이다.

나만의 출근길 의식을 설명하자면, 우선 일어나자마자 씻는다. 직장인이라면 당연한 얘기겠지만 프리랜서에겐 딱히 그렇지 않다. 씻든 말든 보는 사람도 없을뿐더러 원고 마감이나 인터뷰이 섭외에도 전혀 문제없으니까. 하지만 아침 샤워만큼 가성비 좋은 의식은 없다. 짧은 샤워만으로도 상쾌한 기분으로 하루를 시작할 수 있고, 그 어떤 일도 해낼 것 같은 에너지가 마구 솟는다. 운 좋으면 샤워 중에 기막힌 아이디어가 떠오를 때도 있다. 또 다른 철칙이 하나 있는데, 샤워를 하고 나서는 오늘 일을 마치기 전까진 파자마를 다시 입지 않는 것이다. 여기엔 홈웨어도 포함된다. 너무 편한 옷을 입고 있으면 왠지 옷의 톤앤매너에 맞게 늘어지고 싶어진다. 적당한 긴장감을 줄 수 있는 외출복은 오케이. 그렇다고 빳빳한 셔츠나 슈트를 입으라는 건 아니다. 깨끗하게 세탁한 티셔츠와 청바지, 양말이면 된다.

옷을 챙겨 입으면 아침 식사를 준비한다. 주로 먹는 아침 식사는 커피에 빵이나 그릭 요거트. 가끔은 방울토마토, 오이, 사과에 후추와 올리브오일을 뿌린 샐러드(난 이 메뉴를 '그리스 장수 할머니 식단'이라 부른다), 그리고 바나나 정도로 간단하게 먹는다. 나는 원래 아침에 뭘 먹으면 바로 배가 아파서 공복을 유지하는 편이었다. 하지만 프리랜서 생활을 하면 식사 시간도 불규칙해지고 심할 땐 하루 세끼를 굶는 경우도 적지 않다. 나이 얘기를 하고 싶지 않지만 선배들 말로는 이십 대에는 한두 끼 안 먹어도 그럭저럭 버틸 만했지만 삼십 대 중반에 끼니를 건너뛰면 요단강 급행을 탄 것이나 마찬가지란다. 그 말을 들은 후로는 점심과 저녁에 바쁠 것 같으면 아침을 더더욱 든든하게 챙겨 먹는다. 아, 설거지는 밥 먹고 바로 한다. 빨리 하면 할수록 좋은 것이 설거지와 반항이라고 했으니까.

아침 식사 후에 셀프 필터 정수기에 물을 채워 넣고 커피를 한 잔 타서 노트북 앞에 앉는 순간 실감이 난다. 이제는 더 이상 물러날 곳이 없다. 지금부터 나는 출근한 거다. 비록 침대부터 책상까지 다섯 걸음도 안 되지만 아무튼. 그리고 가끔 집에 있을지라도 꿀꿀한 기분이 들면 향수나 방향제를 뿌려 공간을 환기시킨다. 뭐가 됐든 머리가 아프거나 코를 찌르는 향만 아니면 된다. 일할 준비가 됐다고 내 전두엽에게 신호를 보내는 것이다.

나는 작심삼일형 인간이라 루틴을 습관으로 만드는 데에 자주 실패하는 편이다. 이틀을 잘 지키다가 하루를 빼먹으면 나 자신에게 실망하고 만다. 너 이렇게 별 볼 일 없는 인간이었어? 이렇게 마음속으로 한마디 따끔하게 하고 내일과 모레는 또 잘한다. 그리고 글피 즈음에 또 실패한다. 내 루틴은 열 번의 작심삼일로 간신히 유지된다. 루틴은 최소한의 의지로 작은 성취를 이루는 것이다. 성취가 거듭 쌓이면 스스로에게 조금씩 신뢰가 생긴다. 간혹 루틴을 못 지키는 날도 있긴 하다. 그런 날에는 책을 읽다가 중간에 책갈피를 꽂아두듯, 특정한 의식이나 행동을 해결책으로 삼는 방법도 있다. 나 같은 경우에는 딴짓을 실컷 하다가도, 커피 한 잔 타거나 찬물로 샤워하고 책상 앞에 다시 앉으면 원래 루틴으로 복귀한 것이다.

느슨하게 살고 싶어서 프리랜서를 하기로 한 건데 이렇게 빡빡하게 생활할 거면 직장인과 뭐가 다를까 싶기도 하다. 하지만 안정적인 프리랜서 생활은 결국 나와의 약속을 지키는 것에서 시작된다. 말하자면 건강하게 살자는 거다. 혈혈단신으로 춥고도 가혹한 야생을 살아가려면 조금 덜 불안하고 덜 흔들리기라도 하자고.

프리랜서로
먹고살 팔자

종교가 없어 이렇다 할 달란트도 못 받았지만, 이 일을 10년 가까이 꾸역꾸역 할 수 있었던 힘은 '열심'이었다. 하나같이 비범한 사람들로 가득한 이 업계에서 무색무취로 살아온 프리랜서의 유일한 무기. 사실 말이 좋아 프리랜서지 잠재적 백수인 비정규직 노동자는 일을 안 할 때는 정말 아무것도 안 한다. 침대에서 일어날 힘도 없다. 하지만 일을 할 때면 내일의 에너지까지 끌어다 쓰기 때문에 늘 마감이 끝나면 번아웃 직전이다.

그러다 어느 날엔가 셀프 야근을 마치고 잠자리에 들면서 불현듯 지금 내가 너무 열심히 살고 있다는 생각이 들었다. 목표도 없이 일만 하는 것에 조바심이 나는 와중이었다. 신기하게도 나는 종종 뚜렷한 삶의 목표가 없으면 불안해하곤 했다. 내가 뭘 원하는지도 모르는데 열심히 살아서 뭘 한담? 남들은 사업하거나 공부를 더 하고 싶다는데. 또 누구는 전공 분야를 더 뾰족하게 갈고 닦아서 전문가로 거듭나겠다는데. 도대체 나는 뭘 하고 있느냐 이 말이다.

돌이켜보니 이십 대 때도 잃어버린 목표를 찾아 헤맸다. 답이 나올까 싶어 산티아고 순례길도 떠나봤다. 스페인의 이름 모를 시골길을 매일 20킬로미터씩 걸었어도 만화 주인공처럼 정수리 위에 느낌표가 '짠!' 하고 생기진 않았다. 이럴 거였으면 차라리 제주 올레길을 걷지 뭐하러 스페인까지 갔을까. 하여튼 남들은 인생의 숭고한 진리를 깨우치고 온다는 산티아고 순례길에서 내가 깨우친 건 "뻬르동(perdon)"('저기요'라는 뜻의 스페인어)이라는 말뿐이었다.

목표의 부재로 인한 슬럼프는 드라마 〈천국의 계단〉에서 송주 오빠가 날리던 부메랑처럼 주기적으로 돌아왔다. 서른다섯 번째 생일도 바로 그 즈음이었다. 생일 저녁에도 우울하게 일하던 중에 친구에게 전화가 왔다. 평소 신점과 사주를 맹신하던 친구는 생일 축하한다는 말과 함께 최근에 본 사주 얘기를 들려줬다. 나도 툭하면 사주를 보는 사람으로서 귀가 솔깃했다. 그 즉시 사주 선생님의 전화번호를 넘겨 받아서 예약을 잡았다. 원래 인생이 잘 풀리면 사주는커녕 타로 카드도 생각이 안 나는 법. 하지만 뭔가 답답하고 꼬인 것 같을 때는 뭐가 문제인지 알고 싶어 사주를 한 번씩 보곤 했다. 이십 대 때 직장운이 짧은 팔자라는 건 여러 번 들었고, 더 새로울 게 있긴 할까? 친구가 소개해준 사주 선생님은 내 생년월일시를 듣고는 아무런 질문도 하지 않는데 내 인생을 줄줄이 꿰기 시작했다.

얘기인즉 이 사주는 일복이 미어터졌다는 것. 저녁 6시 땡하면 퇴근하는 직업은 못 하고 밤낮없이 일하는 직업을 갖게 된다는 것. 역마살이 있어서 고여 있으면 썩는다는 것. 그래서 조직 생활보다는 혼자서 자유롭게 일하는 직업을 추천한다는 것. 예술적인 일을 기획하거나 글 쓰는 일로 먹고살 팔자라는 것. 아부를 못하니 사업은 못할 테고 죽을 때까지 일을 손에서 놓지 않을 거라는 것. 결정적으로 내 사주에 나무가 없어 목표를 이루거나 뭔가를 꾸준히 하는 게 힘들다는 것. 로또에 당첨되거나 일확천금이 생길 일은 없을 거라는 슬픈 결말까지….

그분의 사주 풀이는 대체로 맞는 구석이 있었다. 물론 일확천금 얘기는 부디 틀리길 바라지만. 나는 트렌드를 바탕으로 컨텐츠를 만들고, 바쁠 때는 밤낮없이 혼자 일하며, 일복이 미어터진 것만은 사실이니까. 고여 있으면 썩을까 봐 평일 낮에는 이 카페 저 카페를 옮겨다니며 일하고, 가끔 새벽에 기차를 타고 훌쩍 떠나기도 한다. 또 평소 재미에 집착하는 편인데 재미없는 팔자가 되기 싫어서 자연스럽게 길러진 동물적 감각일지도 모른다. 게다가 목표를 세우기 힘들어하고 루틴 없이 즉흥적으로 살아가는 것까지. 내 정보를 말한 적 없는데도 이 정도라면 용한 것 같기도 하고? 사주 풀이에서 가장 듣고 싶었던 부분은 역시 맨 마지막에 등장했다. 내 인생은 서른아홉 즈음에 크게 달라질 것이라고. 작년과 올해에 현타가 많이 왔을 텐데 그건 운이 안 따라줘서 그런 거라고. 내년부터 잘 풀릴 테니까 힘들어도 조금만 참고 견디라고. 복채 내는 사람 듣기 좋으라고 하는 소리라는 걸 분명히 알고 있었지만 불안해서 방방 뜨던 마음이 금세 편안하게 가라앉았다. 혹시 그동안 나는 다 잘될 테니 걱정 말라는 상투적인 위로를 듣고 싶었던 걸까?

마음 같아서는 전화를 끊으려는 선생님을 붙잡고서

"저는 어떻게 살아야 하나요?"라고 묻고 싶었지만 어차피 그분도 알지 못한다. 어찌 됐든 우리는 태어나 세상에 왔고, 인생이라는 길고 긴 레이스 위에 있다. 빼도 박도 못하게 어른이 됐으니 포기나 기권은 할 수 없다. 그러니 내 속도대로 걷고, 뛰고, 넘어지면 마데카솔도 바르고, 잠깐 한눈도 팔다가 다시 앞으로 가는 수밖에. 누가 뭐라 해도 내 사주, 내 팔자, 내 인생이다. 에휴, 그래. 목표 없이 살면 좀 어때? 일도, 노는 것도 자유롭게 하다 보면 언젠간 '느낌표'를 찾겠지. 그래서 결론은 난 프리랜서로 먹고살 팔자가 맞나 보다.

나의 우주
다스리기

    나는 청소하는 걸 정말 싫어해서 되도록 집 안을 어지르려고 하지 않지만, 입장상(내게도 일단 입장 같은 게 있다) 어지를 때가 이따금 생긴다. 예를 들면 좋아하는 티셔츠를 입고 운동을 가고 싶은데 못 찾아서 서랍을 헤집어놓았을 때나 분리수거를 며칠씩 쌓아놓고 까먹었을 때다.

    가장 쉽고 빠르게 어지르는 공간은 단연 싱크대다. 밥을 먹거나 커피를 마시고 난 뒤 설거지를 바로 하지 않을 때도 있으니까. 특히 설거짓거리가 많을 때는 식탁에서 싱크대까지 지구에서 태양까지의 거리 정도는 되는 것 같다. 보통은 눈 딱 감고 후다닥 해버리지만, 어떤 때는 침대에 벌러덩 눕거나 또 어떤 날은 그렇게 누워서

〈동물농장〉한 편을 다 보고 눈물을 한바탕 쏟고 나서야 설거지할 때도 있다.

당연히 귀찮지만 '오늘은 아무래도 청소를 피할 수 없다'고 판단하면 어떻게든 해버린다. 먼저 세탁 세제와 섬유 유연제를 넣고 세탁기 전원 버튼을 누른다. 빨래 돌린 김에 설거지도 같이 한다. 외할머니가 뜨개질로 떠준 수세미에 퐁퐁을 묻혀 거품을 내고 접시, 컵, 수저를 씻어낸다. 싱크대도 한 번 싹 헹궈주고 여기저기 튀어버린 물기까지 닦아내는 것으로 마무리. 음식물 쓰레기를 봉투에 넣어 밖에 내다 버리는 김에 분리수거도 같이 처리해버린다.

마음먹은 김에 며칠간 방치해둔 방도 본격적으로 청소한다. 청소기로 바닥을 밀고 정전기 청소포와 물걸레로 두 번 닦는다. 책상 위에 정신없이 널브러진 과월호 잡지들은 책장에 꽂아두고 포스트잇, 볼펜, 연필, 커터 칼처럼 작은 문구류는 수납함에 한데 모아 정리한다. 이제 세탁기에서 빨래를 꺼내 건조대에 널면 방 청소도 끝. 청소하면서 땀 뻘뻘 흘린 김에 샤워도 한다. 방구석 먼지로 뒤덮였을 몸을 따뜻한 물로 씻어낸다. 이왕 샤워한 김에 화장실도 구석구석 청소한다. 쾌적해진 공기와 깔

오한별

끔하게 정돈된 집 안, 상쾌해진 기분. 평화가 느껴졌다.

내가 한 일이라고는 기껏해야 청소다. 누군가는 매일 하는 일을 나는 간신히 했을 뿐인데 기쁨의 에너지가 충만해진다. 과거로부터 오는 후회나 미래에 대한 불안도 온데간데없이 말끔하게 사라진다. 청소가 평화를 부른다는 사실을 사람들은 알고 있을까? 인간은 하루에 최소 5만 개 이상의 생각을 한다고 한다. 바쁜 현대 사회 속에 살고 있는 것처럼 보이지만, 우리는 사실 복잡하고 시끄러운 생각 속에서 살아가고 있는 게 아닐까?

청소는 매일 하기로 마음먹은 운동과 비슷하다. 운동하러 나갈 때까지 온갖 명분을 떠올리며 운동하지 않을 핑계를 모색한다. 그러나 일단 운동하러 가면 스트레칭이라도 하게 되고 조금이라도 땀 흘리고 나면 즐거운 쾌감이 밀려든다. 등산도 마찬가지다. 등산복을 갖춰 입고 산을 오르기 시작하면 5분 만에 후회가 밀려온다. 왜 산에 가려고 했을까? 오늘 안에 올라갈 수 있을까? 지금이라도 내려갈까? 그러나 정상에서 산 아래를 내려다보는 순간 그 모든 후회는 사라진다(근육통은 남는다). 청소도 등산과 똑같다. 이 돼지우리를 언제 다 치우나 싶은데 일단 시작하면 언젠가는 끝난다. 자주 할수록 노하우도 쌓인다.

집에서 일하는 프리랜서들은 매일매일 일에 방해가 될 만한 요소들과 싸운다. 바쁠 때 친구들이 전화하거나 가족들이 불쑥 찾아올 수도 있고, 낮에는 공사 소음, 밤에는 층간 소음에 시달릴 때도 있다. 어수선한 집 안도 방해가 된다. 설거지와 빨래 더미는 보는 것만으로도 스트레스다. 외면하고 싶어지는 게 당연하다. 그렇지만 밥도 먹어야 하고 설거지도 해야 한다. 뭐든 일단 손에 잡히는 대로 하기 시작하면 다음 순서로 자연스럽게 이어진다. 시작은 설거지였지만 결국 온 집 안을 정돈하게 되듯. 시작이 어렵다는 말은 아마도 집안일을 두고 하는 말이 아닐까 싶다.

물론 책상 좀 깔끔해졌다고 만사가 해결될 리 없지만 당장의 기분은 나아진다. 무엇이든 해낼 수 있을 것 같은 근거 없는 자신감도 솟는다. 오늘은 그것만으로도 충분하다.

손톱 먹은 들쥐
구합니다

　내가 어렸을 때, 할머니는 내 손톱을 깎아주면서 '손톱 먹은 들쥐' 이야기를 들려주시곤 했다. 한 줄로 요약하자면 자른 손발톱을 아무렇게나 버리면 그걸 먹은 쥐가 손발톱 주인으로 변신해서 그 사람 행세를 하고 다닌다는 것. 나랑 똑같이 생긴 애가 나타나 할머니의 감자떡을 먹게 둘 수 없던 나는 어릴 때부터 손발톱을 조심스레 모아 쓰레기통에 얌전히 버리는 습관을 들였다.

　어른이 되어서는 할머니가 이야기해준 들쥐 이야기는 까맣게 잊고 살았다. 그런데 요즘 들어 '쥐가 내 손톱을 먹고 나로 변신해서 대신 일해주면 어떨까?' 하고 자주 생각한다. 지금은 손발톱의 유전자 정보를 이용해 '나'라는 사람이 누군지 단박에 알아낼 수 있을 테고, 어쩌면 그걸 통해 복제도 가능할 것 같으니 말이다.

언젠가 이런 어이없고 허무맹랑한 상상을 엄마에게 털어놓은 적이 있다. 몸이 두 개라도 모자랄 판이며, 내가 다섯 명 정도 있었으면 좋겠다고. 한 명은 영수증 정리를 시키고, 한 명은 인터뷰하러 보내고, 한 명은 기획안 쓰고, 한 명은 엉덩이 붙이고 앉아 줄줄이 원고만 쓰게 한다. 마지막으로 진짜 나는 그동안 열심히 살았으니 몰디브든 어디든 가서 푹 쉬고 있는 거다. 기왕이면 평생을 이렇게 살아도 좋겠지. 그때마다 엄마는 딸의 힘듦에 전혀 공감하지 않는 표정으로 "프리랜서가 뭐가 바쁘니?"라고 되물었다.

세상 모든 직업이 그렇듯이 프리랜서도 바쁘다. 먹고 살려면 당연히 돈 버는 일을 해야 한다. 하지만 돈을 벌어다 줄지도 모르는 일, 소위 말해 수익은 없지만 프리랜서의 삶을 유지하려면 꼭 해야만 하는 일도 있다. 돈 벌 궁리를 하는 일도 마찬가지다. 언제 일이 끊길지 모르니 나를 영업해야 하는 것이다. 틈틈이 이력서와 포트폴리오를 업데이트하는 것부터 평소 눈여겨본 회사에 같이 일해보자며 메일을 뿌리는 일, SNS 부계정을 만들어서 관심 있는 분야를 꾸준히 아카이빙하는 일까지. 당장 눈앞에 드러나는 성과는 없지만 몇 년을 바라보고 꾸준히 해야만 하는 일들이 있다. 세금이나 공과금 등 바로바로 처리하지 않으면 추후에 어떻게든 매운맛을 보여주는 행정 업무도 제때 꼭 해야 한다.

프리랜서가 되고 나서 한 달에 많게는 여섯 개의 프로젝트를 동시에 돌린다. 오늘, 이번 주, 이번 달 안에 끝내야 하는 일의 종류와 개수를 가늠하며 눈을 뜨고, 'TO DO LIST'에서 지우지 못한 일에 찝찝함을 느끼며 잠이 든다. 발등에 불 떨어진 날에는 새벽 4시에 알람을 맞추고 일어나자마자 곧바로 일을 시작한다. 주말과 평일을 구분할 필요가 없을 정도로 매일매일 할 일이 쌓여 있어서, 밤늦게 뒷골이 당길 때까지 책상에 앉아 있다가 퓨즈가 꺼진 것처럼 잠드는 나날이 반복된다.

이렇듯 쉼 없이 일하다 보면 몸과 마음에 위험한 증상들이 나타난다. 부정적인 감정이 자주 올라오고 이런 상황을 만든 나에게 왈칵 화가 난다. 나는 왜 이 모양인지 한탄하며 하루를 다 쓸 때도 있다. 스트레스를 해소하지 못하고 쌓이기만 하니 모두 잠든 새벽에 홀로 일하다가 눈물 댐이 툭 터져 줄줄 흐른다. 이 많은 일을 언제 다 처리하나. 나 대신 원고 써줄 사람 어디 없나.

혼자 일하는 슬픔은 이처럼 일상이 뒤엉킨 가운데 나를 허허벌판 그 어딘가에 두고 온 것 같을 때쯤 파도처럼 밀려온다. 내 일을 나만큼 알고 있는 누군가에게 도움을 요청하고 싶지만 그럴 만한 사람은 없다. 결국 나를 도와줄 수 있는 건 나뿐이며, 믿을 사람 또한 나밖에 없다는 걸 점점 깨닫게 된다.

홀로 독립해 먹고사는 길은 만만치 않다. 일할 기회를 계속 끌어오는 것도 일이고, 일하는 것도 일이고, 그 일을 관리하는 것도 일이다. 일에 치이다 보면 문득 내가 먼저인지, 일이 먼저인지 본질을 잊을 때가 많다. 그러니 이렇게 된 이상 나를 도와줄 수 있는 유일한 존재 '나'를 잊지 말고 좋은 모습으로 관리해야겠다. 비록 손톱 먹은 들쥐는 섭외할 수 없지만, 성실하고 건강한 '나'만 있으면 혼자서 울고불고한 뒤에도 결국 해낼 거라는 걸 이제는 안다.

어느 해 크리스마스에 친한 프리랜서 선배와 제주도로 떠났다. 둘 다 일에 치일 대로 치인 상태라 기분 전환도 할 겸 떠난 여행이었다. 크리스마스 마켓을 구경하던 중 우리는 '니세' 인형을 발견했다. 니세는 산타를 대신하는 노르웨이의 집요정으로, 성격은 짓궂지만 예쁜 말

오한별

로 부탁하면 집안일을 대신해주고, 동물도 잘 보살펴주며, 그 집이 부자가 될 수 있게 도와준다고 한다. 우리는 사이좋게 니세 인형 키링을 샀다. 나 대신 집안일을 해줄 리 만무하니, 부자라도 되게 해달라는 염원을 담아서. 하지만 결국 일은 나 혼자 뼈빠지게 하고, 부자가 되려면 멀었으며, 그 크리스마스 마켓만 이득을 보았다.

이쯤 되니 내가 그 손톱 먹은 들쥐가 아닐까 싶다.

이 모든 게 결국
체력 때문이다?

이건 어디까지나 내 경우가 그렇다는 것인데, 한번 마감을 시작하면 너무 바쁠 때는 화장실 가는 것도 까먹고 앉아 있는다. 할 일이 많거나 마음이 급해서 본의 아니게 '미라클 모닝'을 하게 될 때는 새벽부터 일어나 온종일 작업한다. 치열하게 고민하며 원고를 써 내려가다 보면 머릿속이 열기로 가득해져서 두피까지 뜨거워진다. 일종의 그로기 상태에 빠졌을 때는 잠깐 낮잠을 자거나 가볍게 산책하고 가사 없는 클래식 음악을 듣기도 한다. 그리고 저녁을 간단히 먹고 야근에 대비한다. 마감이 끝을 향할수록 밤새우는 날도 허다하다.

부모님을 비롯한 주변 사람들은 컴퓨터 앞에 앉아 타자만 치면 되니 내 일이 힘들지 않을 거라 생각한다. 하지만 실제로 해보면 다들 알 테지만, 똑같은 짓을 매달 반복하다 보면 웬만한 체력으로도 도저히 견뎌낼 수 없다.

그래도 '어제와 오늘, 내일을 쌓아가듯이 묵묵히 살다 보면 뭐라도 되겠지'라는 마음으로 이 일을 아직까진 그만두지 않고 있다. 언젠가 일이 지긋지긋해져서 다 내던지고 도망가고 싶을 때 드라마 〈미생〉의 대사 한 구절을 본 적이 있다. "네가 이루고 싶은 게 있다면, 체력을 먼저 길러라. (중략) 체력이 약하면 빨리 편안함을 찾게 마련이고, 그러다 보면 인내심이 떨어지고 그 피로감을 견디지 못하게 되면 승부 따윈 상관없는 지경에 이르지. 이기고 싶다면 충분한 고민을 버텨줄 몸을 먼저 만들어. 정신력은 체력이란 외피의 보호 없이는 구호밖에 안 돼."* 그러니까 지금 내가 버티지 못하는 건 체력이 없기 때문이다?

물론 악과 깡으로 버티며 '의지력'으로 결과를 만들어낸 감동적인 실화들을 몇 개 갖고 있지만 모두 젊은 시절 얘기다. 삼십 대 중반도 어리지만 지금보다 생명력이 더 넘치고 별생각이 없던 이십 대에는 육체가 혹사당

---

* 〈미생〉, 8화, 연출 김원석, 극본 정윤정, 2014.11.08 방영, tvN.

하는 것이 아무렇지도 않았고(심지어 '젊어서 고생은 사서 한다'라는 말을 당연하게 받아들였다), 하루이틀쯤 밤새워도 아무런 문제가 없었으며, 집중력도 필요하다면 비교적 쉽게 끌어낼 수 있었다. 하지만 삼십 대로 접어드니 밤샘은커녕 아침부터 꾸벅 졸고, 퇴근길을 뚫고 집에 간신히 도착하면 다이빙하듯 침대 속에 가라앉고 만다. 이 모든 게 다 체력이 부족한 탓이라니. "하루를 밤을 새면 이틀은 죽어. 이틀을 밤새면 나는 반 죽어"라는 다이나믹 듀오의 〈고백(Go back)〉 속 노랫말을 이해하는 나이가 결국 와버린 거다.

이후 나는 본격적으로 체력 단련의 길로 접어들게 되었다. 아무리 일찍 잠들어도 매일 아침 침대에서 벗어나는 게 힘겹고, 피곤하다는 말을 입에 달고 살던 때부터다. 체력이 안 되니 짜증도 늘고, 인내심을 유지하기도 힘들었으며, 생각의 유연성도 서서히 떨어지기 시작했다. 한동안 잠잠하던 한포진이 갑자기 심해졌으며 근육은 시들고 군살은 군데군데 붙어 몸뚱아리는 비통하기 그지없었다.

30년 넘게 운동 헤이터로 살아왔기 때문에 건강 관리를 한다는 게 말처럼 쉽지 않았다. 그래도 일주일에

3회 정도 1시간씩 웨이트와 유산소를 하려고 한다. 지금은 등 근육과 코어 근육이 조금씩 생겨서 허리도 덜 아프고 두통도 덜하다. 운동을 시작한 후로 컨디션이 크게 무너지거나 팔다리를 다친 적이 없다. 운동을 못 갈 정도로 바쁜 날에는 바닥에 요가 매트를 깔아 놓고 스트레칭이라도 한다. 장시간 앉아 있느라 혈액순환이 안 되는 하체를 쭉쭉 늘리면서 그동안 쌓인 업보를 청산한다. 생전 안 하던 운동을 하려니 나에게는 쉽지 않다. 하지만 장기적으로 볼 때 운동은 프리랜서로서, 한 인간으로서 목표와 건강한 삶을 이루는 데에 가장 큰 자산이다.

무라카미 하루키는 매일매일 달리기와 수영을 한다. 프란츠 카프카는 예민하고 허약한 이미지와는 달리 날마다 시간을 들여 체조를 했다. "중요한 것은 꺾이지 않는 마음이 아니야. 꺾여도 그냥 하는 마음이지." 박명수 옹의 말처럼 꺾여도 아무렇지 않게 그냥 꾸준히 해가면서 내 삶을 강고하고 안정적으로 만들어야 한다. 그래야 좋은 일에는 더 크게 좋아하고, 나쁜 일에는 더 크게 웃고 훌훌 털어버릴 수 있는 체력과 정신력이 생길 테니까.

배보다 배꼽이 더 큰
'소비'랜서의 삶

　새벽 2시, '띵' 하고 신용카드 결제 알림 메시지가 뜬다. 미루고 미루던 원고를 털었다거나 골칫거리였던 업무를 무사히 매듭 지은 날, 맥주 한 잔으로 마무리하고 잠들기엔 아쉽고 뭔가 보상받고 싶은 날에는 밤 12시까지 인스타그램의 바닷속에서 부유하다가 결국 예정에도 없던 쇼핑을 하고 만다. 매장가 400만 원짜리 가방을 100만 원에 살 수 있다는데, 마음에 드는 스니커즈가 내 사이즈로 딱 하나 남았다는데…. 안 사고 배겨? 나중에 카드 내역서를 보면 이런저런 명분을 앞세워 결제했던 시간은 대부분 새벽 한두 시. 말 그대로 이렇게 '사 재낀' 달은 유독 일이 안 풀렸던 것 같다.

　옷장 속엔 옷이 가득하고, 화장대 위엔 화장품이 빼

곡하다. 자주 매고 다니는 백팩은 물론 차려입을 때 들 만한 가방도 몇 개나 있고, 현관과 신발장엔 신발이 넘쳐난다. 책상과 의자에는 사놓고 읽지 않은 책들이 현대 미술처럼 아슬아슬하게 쌓여 있다. 사람은 한 명인데 우산은 여러 개다. 생활에 필요한 건 다 있는데, 왜 나는 계속 소비를 하는 걸까?

프리랜서로 살게 되면서 직장인의 특권이었던 예상 가능한 수입이 없어지자 나는 실제로 필요한 물건을 구매하기보다 '소비' 자체에 의미를 두기 시작했다. 당장 미래가 손에 잡히지 않아서 불안해질 때마다 눈에 보이는 물질적인 가치로 보상받으려고 한 것이다. 연봉의 숫자로 딱 떨어지지 않는 나의 가치를 남에게 증명하기 위해 소비를 했다고 해야 할까? 한 손에 겨우 움켜진 나의 가치는 손가락 사이로 흘러나와 빈티지 명품 시계, 질 좋은 재킷, 세일 기간에 해외 직구로 산 가방과 부츠, 안경 렌즈만큼 비싼 안경테, 연예인 누가 쓴다는 비싼 향수로 둔갑해 집 안 곳곳에 널려 있었다. 마음이 헛헛하거나 머리가 복잡할 때면 백화점이나 대형 쇼핑몰을 들락거렸다. 돈을 많이 버는 프리랜서는 아니기에 바라던만큼의 소비는 못했지만 형광펜이라도 사 들고 집에 돌아온 날에는 내 안에 '새로운 것'이 채워지는 듯해서 만족스러웠다. 반면에 충동적으로 물건을 사게 된 날에는 죄책감과 후회가 세트로 밀려들었다. 그리하여 죄책감을 느끼고 결국 현명한 소비자로 거듭났다는, 아주 훌륭한 결말을 기대했겠지만 나는 그렇게 심플한 인간이 아니었다. 문제는 그다음 충동 구매 현상이 일어나기까지 죄책감과 후회의 컬래버가 버티지 못하고 금세 닳아버린다는 데에 있었다.

한때 SNS에서 '지랄비용'이라는 말이 유행처럼 번졌을 때 나 또한 그 비용을 지불하며 왠지 모를 후련함을 느끼곤 했다. 지랄비용은 스트레스를 받지 않았다면 쓰지 않았을 비용으로, 오롯이 자신을 위해 말도 안 되는 비싼 기회비용을 지불하는 것이다. 평소 입을 일도 없고 취향도 아닌 비싼 옷을 덜컥 사버린다거나, 민낯으로 살아서 전혀 거들떠보지도 않았던 립스틱을 산다거나(그것도 명품 브랜드로) 하는 식으로. 이렇듯 우울하기 짝이 없는 일상에 신용카드와 모바일 결제로 일갈을 날린다. 물건을 사는 기쁨은 소비하는 즉시 휘발되겠지만 말이다.

신용카드 결제일이 성큼 다가오면 과거 나의 무절제한 작태에 절규하지만, 돌이켜보면 그때 내가 어떤 상황에 처했는지 기억이 난다. 돈을 쓴다는 건 곧 마음을 쓴다는 거다. 그건 나에게나 남에게나 마찬가지다. '나를 위한 선물'이란 표현은 상투적이지만, 지랄비용은 가난한 내 기분을 돌보는 일이기도 하다. 소비 패턴을 들여다보면, 그러니까 카드 내역을 쭉 살펴보면 내가 어디에 비중을 두는지 답이 딱 나온다. 외면하고 싶은 진짜 욕망이 그 안에 숨어 있다.

몇 년 전 당근마켓에서 중고 명품백을 산 적이 있다. 언제 들어도 튀지 않을 은은한 디자인과 컬러가 마음에 들어서 크게 고민하지 않고 거래했다. 그때는 몰랐는데 이 가방을 볼 때마다 마음 한구석이 찜찜했다. 필요해서가 아니라 헛헛한 마음을 채우려고 샀다는 걸 깨달았기 때문이다. 당시 나는 친한 친구의 결혼식에 갈 일이 있었는데, 일이 잘 안 풀려서 우울하고 초조했던 마음을 친구들에게 숨기고 싶었던 것 같다. 프리랜서로서, 또 싱글로서 흔들림 없이 잘사는 모습을 증명해야만 견딜 수 있었던 것이다. 지금 생각해보면 그깟 가방 하나 들고 간다고 내 처지가 뒤바뀌지도 않을 텐데 왜 그렇게 무리했는지 모르겠다.

그 이후로도 '멍청비용', '외로움 비용', 때로는 '품위 유지 비용'이라는 어처구니없는 명목으로 다양한 소비를 반복했다. 그렇게 헛돈을 쓴 덕분에 지금은 소비가 남긴 죄책감과 후회, 그리고 콤플렉스를 살펴볼 여유가 생겼다. 집 안 구석구석 쌓인 물건들을 보면서 '그때 나는 왜 이걸 샀을까?' 헤아려보게 된다. 사놓은 물건과 나와의 상관관계를 따져보는 것은 한창 마감 중인 새벽 1시엔 불가능하다. 해가 번쩍 떠 있는 아침에, 아이스커피를 마시고 각성한 상태로 고민해본다. 그리고 이 물건을 샀을 때의 내 감정 상태를 등급으로 매겨본다. '너무 우울했음', '그냥 우울했음', '그럭저럭 나쁘지 않았음' 이런 식으로. 만약 비슷한 물건을 또 사고 싶으면 그때의 기분을 떠올리고 받아들인다. 공허한 감정을 소비로 채우고자 하는 마음을 인정하고 나니 오히려 그 마음을 조절할 수 있게 되었다.

매달 새로 나온 명품으로 패션 화보를 찍고, 트렌드 소개 기사를 쓰다 보니 소비의 유혹에서 자유롭기가 쉽지 않다. 이 글을 쓰는 이달에만 헤일리 비버를 따라 로퍼를 샀고, 내가 쓴 '조용한 럭셔리'(겉으로 드러난 로고보다 퀄리티 높은 소재로 승부하는 트렌드) 기사를 읽고 미니멀한 디자인의 가방을 샀다. 지금도 해외 직구 사이트

오한별

의 장바구니에 담은 물건들이 45개나 된다. 지금껏 돈을 써온 내력이 있으니 양심상 앞으로도 늘 합리적이고 능동적인 소비를 한다고 장담하지 않겠다. 그 대신 소비에 압도되지 않도록 내 상태가 어떻고 기분은 어떤지 신경 써서 돌봐야겠다. 기분이 좌우한 소비는 마음 한구석에 찝찝함만 남기고 떠날 뿐이니까. 소비로 인해 불행해지는 기회비용은 이만치 지불했으면 충분하다.

프리랜서도
장비발

　매일 쓰는 물건일수록 좋은 걸로 써야 한다. '당연한 거 아니야?'라고 다들 생각하겠지만 나는 이 단순한 진리를 깨우치는 데 허송세월을 보내고 돈도 엄청 날렸다. 일단 이십 대 때는 좋은 물건을 알아보는 안목이 없었다. 직업이 패션 에디터였으니 옷이나 가방 중에 무엇이 예쁘고 좋은 줄은 잘 알았으나 일상에서 쓰는 물건들은 성능이 거기서 거기일 테니 더 싼 것을 사자는 주의였다. 죄책감도 한몫했다. 잘 만든 물건일수록 비싼 건 인지상정인데 내 수입에 비해 큰돈을 주면서까지 물건을 사면 마음이 무거웠다. 돈 조금 더 써서 좋은 물건을 사는 게 장기적으로 볼 때 투자이고 더 좋은 일인데도 그랬다.

오한별

지금부터 말하려는 건 애매한 수준의 물건을 사서 실패했던 내 경험담과 좋은 물건에 투자한 주변 프리랜서들의 구매 성공담이다. 부디 참고하여 나처럼 시간과 돈을 길바닥에 버리는 과오를 줄일 수 있길 바란다.

프리랜서에게 가장 중요한 장비란 아무래도 업무용 노트북일 것이다. 겉모습에 집착하던 시절, 예쁘장한 사과 로고에 영혼이 팔려 맥북을 샀다. 하지만 우리나라에서 주로 쓰이는 MS 오피스와 맥의 문서작업용 툴이 호환되지 않아서 클라이언트와 문서를 주고받을 때 불편했다. 무게 또한 무시할 수 없었다. 가방에 넣어도, 옆구리에 끼거나 손에 들고 다녀도 무거웠다. 맥북을 짊어지고 돌아다니면 키도 작은 내가 땅속으로 꺼질 것만 같았다. 가뜩이나 고된 인생이 더 무겁게 느껴지고 집 밖으로 나오자마자 도로 집에 가고 싶었다.

그래서 삼성 갤럭시 노트북으로 바꿨다. 디자인은 별로 마음에 안 들지만 무게도 가볍고 MS 오피스를 갖추고 있어 문서 작업하기에 편하다. 화면 터치도 가능해서 가끔 마우스가 먹통일 때 유용하다. 터치 패드를 사용하는 대신 별도로 로지텍 페블 무선 마우스를 사용하는데 한 손에 쏙 들어오는 크기라 가지고 다니기에 편하다.

사진이나 동영상 촬영, 녹취도 많이 하니 대용량의 스마트폰과 1테라짜리 외장하드도 필수다. 이런 전자제품은 예산이 허락하는 한 최대한 좋은 것으로 사는 편이다.

그다음으로 중요한 것이 워킹 체어다. 나는 최근에 허먼밀러의 존재를 알게 되었다. 허먼밀러가 무엇인고 하면, 마이크로소프트, 구글, 애플 같은 실리콘밸리 기업들이 쓰면서 유명해진 의자다. 가격이 적게는 200만 원에서 많으면 400만 원 안팎인 데다 IT 업계에서 오래 앉아도 편하다는 소문이 나면서 '의자계의 샤넬'로 불리고 있다. 장시간 노동으로 목과 허리 통증에 시달리던 친한 선배는 큰맘 먹고 허먼밀러 의자를 구매했다. 나는 그 말을 듣고 당장 백화점 의자 매장에 달려갔다. 평소 의자에 오래 앉아 일하느라 엉덩이가 배기고 팔꿈치와 목이 아프던 차였다. 허먼밀러 의자에 처음 앉았을 때 느낀 안정감을 잊지 못한다. 누군가 엉덩이와 허리를 든든하게 받쳐주는 듯한 느낌이었다. 당시에는 200만 원이나 주고 의자를 살 만한 여유가 없어서 국내 가구 브랜드에서 '서울대 의자'라 불리는 의자를 30만 원대에 구매했다. 처음 한두 달은 나름 안락했던 것 같은데, 시간이 지나니 여러 단점과 마주했다. 일단 헤드레스트가 없

오한별

어 목을 편하게 뉠 수 없었고, 팔걸이 폭이 좁아 책을 읽거나 핸드폰을 할 때 팔을 거치하기 불편했다. 등받이 각도가 수직에 가까워서 장시간 앉아 있으면 골반이나 허리가 뻐근하기도 했다.

얼마 전에 다시 허먼밀러 매장을 찾았다. 다시 앉아보니 여전히 좋았다. 워킹 체어가 있는데 또 사자니 백팔번뇌가 시작됐다. 하지만 내 몸을 위한 투자라고 생각하니 마음이 편해졌고, 결국 구매로 이어졌다. 일을 조금이라도 더 편하게 할 수만 있다면 뭐든지 오케이다.

2년 전부터 쓰기 시작한 애니클리어 랩톱 스탠드도 아주 끝내준다. 노트북 받침대인데 무척 튼튼하고 원하는 높이로 조절할 수도 있다. 높이와 수평을 조절하는 관절 부분이 견고해서 흔들거리거나 각도가 틀어질 일도 없다. 굳이 노트북 스탠드가 필요한가 싶겠지만 한번 써보면 거북목 업보를 청산하는 데에 많은 도움이 된다. 책 거치대도 마찬가지다. 책을 읽을 때 멀미가 나서 구매한 제품이다. 착착 접으면 부피도 꽤 작아져서 들고 다니기에도 부담이 없다.

또 무엇이 있더라? 아, 발 받침대도 아주 소중하다. 나는 키가 작아서 의자 등받이에 등을 딱 붙이고 앉으면 다리가 바닥에서 살짝 뜬다(많이 아니고 살짝). 자세가 불편하니 자꾸 양반다리를 하거나 다리를 꼬고 앉게 되는데 그게 하체 부종의 원인이란다. 거의 온종일 앉아 있으니 냉큼 주문했는데 없으면 안 되진 않지만 쓰다가 안 쓰면 티가 확 난다.

아직은 없지만 앞으로 갖고 싶은 장비는 높이를 조절할 수 있는 스탠딩 책상이다. 한 프리랜서 선배는 스탠딩 책상을 쓰고 삶의 질이 완전히 달라졌다고 한다. 책상 앞에 앉아 일을 하다가 스탠딩 모드로 바꾸면 혈액순환도 되고 잠도 깰 수 있다. 일어난 김에 스트레칭도 하니 허리나 목 통증도 나아졌다고 했다.

프리랜서에게 좋은 장비가 생기면 4시간 걸리는 일도 한두 시간 앞당겨 끝낼 수 있다. 이런 데에 쓰는 돈은 이제는 아깝지 않다. 아, 그런 의미에서 식기세척기나 로봇청소기도 하나 있으면 좋을 것 같다. 심란해진 집안 살림을 알아서 정돈해줄 테니 마감도 더 잘 되지 않을까? 상상만 해도 일할 맛이 난다.

오한별

갓생 말고
갓생 만들어주는 툴

부끄럽지만 나는 과거에 '일못러'였다. 일의 우선순위를 정하거나 회의나 미팅 내용을 요약하는 일은 회사 생활에서 적지 않은 스트레스를 차지했다. 그런데 생각해보니 저 두 가지가 모든 일의 전부였다는 생각이 든다. 3년 차 프리랜서가 되니 나름 저절로 깨우친 진리도 있다. 일잘러와 일못러의 차이는 '디테일'에서 갈린다는 것. 결과물을 만들어내는 것도 중요하지만 스케줄 관리나 회의록 작성에 충분한 공을 들여야 한다. 물론 너무 귀찮은 일이라는 건 알지만 성의 없이 하면 언젠간 내 뒤통수를 친다.

'일 잘하는 기술'은 너무 거창하고 '일을 잘하게 된 기술'에 대해 얘기해보자면, 덩어리에 집중할 때는 온 힘을 쏟되, 나머지는 잘 만들어진 툴의 힘을 빌려 조금씩 다듬어야 한다는 것이다. 어리바리 회사원에서 나름대로 맡은 임무를 사고 없이 완수하는 프리랜서로 진화하는 데 많은 도움을 준 기본 툴은 다음과 같다.

글을 많이 쓰다 보니 맞춤법 검사기는 기본적으로 사용하는데, 구글에 '부산대'를 검색하면 가장 먼저 나오는 '부산대 맞춤법/문법 검사기'를 쓰는 편이다. 부산대학교 인공지능연구실에서 만든 서비스인데, 작성한 글을 붙여넣고 '검사하기' 버튼을 누르면 교정된 표현과 그 이유까지 국어 선생님처럼 꼼꼼히 알려준다. '낱말 기본 유의어 사전'이라는 사이트도 적극 활용 중이다. 글을 쓰다가 비슷한 의미의 다른 단어를 쓰고 싶을 때 유용하다. 쉬운 단어부터 어려운 단어 순으로 보여주기 때문에 적절한 유의어를 골라 쓸 수 있다. 유료 서비스일 때 단어가 훨씬 풍성하다는 게 단점이라면 단점. 역시 자본주의 만만세다.

혼자 일하는 사람에게 스케줄러는 중요하다. 나는 아날로그형 인간이라 오랫동안 종이 스케줄러를 썼는데, 프리랜서가 된 뒤로는 구글 캘린더로 일정을 관리한다. 초반에는 시간 단위로 쪼개서 꼼꼼하게 스케줄 관리를 했지만, 지금은 월별 미팅이나 원고 마감일 등만 끼워 넣어 유연하게 쓴다.

프리랜서 동료들과 한창 프로젝트 작업을 하던 시기에는 일요일 아침 8시마다 잠옷 차림으로 침실에 앉아 화상 회의 프로그램인 '줌'으로 노트북 모니터를 통해 마주 보며 회의하곤 했다. 여기서 각자 맥모닝을 먹으면 조찬모임이 되고, 커피를 마시면 카페가 된다. 굳이 누군가를 만나러 멀리 나갈 필요가 없으니 이 얼마나 합리적인 만남인가? 회의 내용을 정리하고 싶다면 '클로바노트' 앱을 켜두면 된다. 네이버에서 출시한 인공지능 음성 인식 서비스로 미팅이나 통화 중에 녹음한 음성을 텍스트로 정리해주는데, 대화에 참여한 인원만 설정하면 말한 사람을 구별해서 내용을 기록할 수도 있다. 나는 인터뷰할 때 사용하는데, 1시간 분량의 대화를 5분도 안 돼서 정리해주니 일이 훨씬 수월해진다.

이 외에도 심신의 안정을 위해 두 가지 앱을 사용하고 있다. 첫 번째는 '그로우'다. 이미 나 말고도 50만 명 이상이 사용하는 '갓생' 앱의 아이콘으로, 이름에서 짐작할 수 있듯 어제보다 더 나은 나로 성장할 수 있도록 도와준다. SNS처럼 오늘 달성한 목표를 피드에 공유하는 기능과 하루를 정리하는 감사 일기 기능까지 두루 갖췄다. 목표나 비전 관리 외에도 다른 사용자들과 함께 도전하는 챌린지 기능도 있는데, 지루해질 때쯤 시도하면 자극도 받고 서로 응원해줄 수 있다. 이 앱을 사용하면서부터는 매일 아침에 일어나 오늘 할 일을 정리할 때가 가장 설렌다. 기껏해야 오늘 내 목표는 물 마시기, 설거지 미루지 않기, 책 읽기, 책상 정리 정도지만 이 사소한 성취가 쌓이면 저녁에는 감사 일기에 쓸 내용들이 차고 넘친다. '설거지 미루지 않고 제때 한 나에게 감사한다', '배달 음식 안 시키고 집밥 해 먹은 나에게 감사한다', '책 한 장도 못 읽을 줄 알았는데 두 장이나 읽은 나에게 감사한다' 등등. 어쨌거나 모든 감사는 나에게 한다. 좀 뻔뻔한가.

때때로 깊은 바닷속에 혼자 가라앉은 듯한 기분이 들 때는 명상 앱을 켠다. 스트레스로 머리가 터지기 일보 직전일 때, 물에 빠진 사람 구해줬더니 돈 깎으려는 클라이언트를 만났을 때 하던 일을 모두 잠깐 멈추고 마음을 돌아보면서 상태를 리셋하는 것이다. 명상 앱 중에는 '캄', '헤드스페이스', '코끼리'가 유명한데 나는 헤드스페이스를 쓰고 있다. UI가 예뻐장해서 보는 재미가 쏠

쏠하고 3~5분짜리 영상이 많아서 시작하기에 부담이 없다. 명상과 심호흡은 언제 어디서든 잠깐만 해도 효과가 훌륭하다.

당장 생각나는 것만 해도 벌써 이만큼이다. 노파심에 덧붙이자면, 남들은 모르는데 나만 아는 좋은 정보들은 아니다. 나도 알 정도라면 이미 온 동네에 소문이 났을 테고, 정말 나만 아는 거라면 이미 망해버렸을지도 모른다. 나는 그저 이 세상 모든 직장인과 프리랜서들이 적게 일하고 많이 벌기를 바랄 뿐이다.

일이 잘되는 작업복은
따로 있다

프리랜서들은 침대에서 일어나 커피 한 잔 타서 책상 앞에 앉으면 출근, 노트북을 닫으면 퇴근이다. 프리랜서 생활 초기에 나는 출퇴근 사이에 옷 갈아입는 과정을 생략했다. 세수와 양치만 간신히 하면 출근 준비는 끝이었으니까. 그런데 이런 생활이 꽤 오래 가니까 일과 일상의 구분이 없어졌다. 파자마를 입고 있으니 잠도 안 깨는 것 같고 여차하면 다시 이불 속으로 꾸물거리며 들어갈 판이었다. 결국 한 가지 규칙을 정했다. 일하는 시간만큼은 작업복을 입자고.

집에서 내 작업복은 주로 티셔츠다. 나에게는 값싸고 재미있는 티셔츠가 여러 장 있다. 여기저기에서 뿌린 홍보용 티셔츠, 여행지에서만 살 수 있는 티셔츠, SNS

광고에 현혹되어 주문한 이벤트용 티셔츠, 빈티지 가게에서 산 티셔츠, 친구들과 함께 맞춘 우정 티셔츠, 10년도 더 넘은 애착 티셔츠 등등. 작업복으로 가장 많이 입는 건 'No inspiration today. Sorry'라는 문구가 적힌 티셔츠다. 내 속마음을 대변하는 것 같아서다. 영화배우 아널드 슈워제네거의 근육질 몸이 그려진 티셔츠는 거의 '호크룩스'다(소설 『해리 포터』 시리즈에 등장하는 빌런 볼드모트가 자신의 영혼을 쪼개서 담은 물건. 여기서는 '내 영혼이 담긴 애착 티셔츠'라는 의미로 썼다). 주변 지인들은 거의 다 알고 있고, 탐내기까지 한다. 10년도 넘는 시간 동안 수천 번 빨았는데도 여전히 넥 라인이 늘어나지도 않고 짱짱하다. 겨드랑이 부분은 구멍 났지만. 마지막으로 자주 입는 건 여행 때 산 후드 티셔츠. 뉴욕 첼시의 명물 '까사 북스토어'(casa bookstore)에서 굿즈로 제작한 옷인데 부들부들한 기모가 몸을 포근하게 감싸준다. 언제 다시 가나 싶어서 후드 티셔츠와 스웨트 셔츠 두 가지 버전으로 다 구매했는데 날이 쌀쌀해졌을 때 입으면 딱 좋다.

작업복을 고르는 기준은 첫째도 소재, 둘째도 소재다. 우선 피부에 닿았을 때 거슬리지 않는 소재여야 한다. 그리고 오랜 시간 앉아 있기 때문에 몸에 딱 맞거나 암홀이 작으면 안 된다. 또 청바지에 잘 어울려야 한다. 가끔 일에 집중되지 않을 때 긴장감을 주려고 청바지를 입는데 어쩌다 거울을 봤을 때 그날 고른 티셔츠와 청바지가 안 어울리면 갑자기 자신감이 떨어지곤 한다. 남들은 그날 룩이 마음에 안 들면 집에 가고 싶다는데, 난 집에서도 난리법석이다.

작업복 규칙은 외근할 때도 해당된다. 종일 집에서 일하고 있으니 적당한 옷을 입고 살지만 아무리 그래도 제대로 된 프리랜서 에디터로 보일 정도로는 신경 써야 할 것 같아서 규칙을 정한 것이다. 촬영할 때 가장 많이 입는 옷은 무늬 없는 검은색 티셔츠다. 땀과 스튜디오 먼지를 가려주고, 내가 매일 입는 리바이스 청바지와 단정하게 어울리기 때문이다. 간혹 뭘 입고 나갈지 고민할 시간이 없을 때도 주저 없이 검은색 티셔츠를 고른다. 마크 저커버그가 옷 고르는 시간을 줄이려고 브루넬로 쿠치넬리의 회색 티셔츠만 입는다는데 충분히 이해 가는 대목이다. 미팅 있는 날에는 검은색 티셔츠와 청바지 차림에 검은색 재킷을 걸친다. 너무 꾸민 것 같지도 않고, 클라이언트에게 믿음직해 보이길 바라며 스스로 고

집하는 차림새다. 장인들이 늘 황토색 개량 한복을 고집하는 것과 같은 이치가 아닐까? 이상하게 검은색 티셔츠를 입고 나온 날에는 거울로 내 상태를 자주 체크하지 않는다. 검은색 티셔츠가 주는 안정감과 신뢰감을 너무나 알고 있기 때문이다.

인터뷰가 있는 날에는 웬만하면 셔츠를 입는다. 티셔츠처럼 후들후들한 소재보다는 탄탄하고 빳빳한 소재를 선택한다. 처음이자 마지막이 될 만남에 대충 편한 차림으로 왔다는 인상을 줄 순 없다. 오늘 당신의 이야기를 듣기 위해 최소한의 예의를 갖췄다는 의미로 셔츠를 입는 것이다. 여기에 손목시계를 차면 시간도 잘 지키고 일도 프로페셔널하게 해낼 것 같은 프리랜서 에디터 코스프레가 완성된다.

프리랜서에게 작업복이란 일종의 '기합'을 넣는 것과 같다. 출근 준비를 하듯 세수하고 작업복으로 갈아입고 책상에 앉는 기분이란, 마치 데드리프트나 난이도 높은 요가 시퀀스를 앞두고 "아자!"를 외치는 느낌이다. 오늘 할 일이 아무리 많더라도 잘 해낼 수 있을 것이라는 믿음과 에너지를 스스로 만드는 것이다. 프리랜서라면 꼭 작업복을 갈아입는 행위가 아니더라도 업무와 일상, 출근과 퇴근을 구분 짓는 나만의 신호가 있어야 한다. 그래야 반복되는 일상을 환기하는 데 도움이 된다. 가끔 일하다 지칠 때는 바보 같은 티셔츠와 바지를 입고 패션 테러리스트가 되어보는 것을 추천한다. 약간의 해방감이 느껴지면서 스트레스 해소까지 된다.

흠, 그런 의미에서 작업복 쇼핑을 시작해볼까?

조조 영화와
새벽 기차

직장인들이 한창 일하고 있을 평일 오전 10시. 버스를 타고 광화문으로 향한다. 누가 보면 회사로 출근하는 직장인 같겠지만 도착한 곳은 흥국생명빌딩 지하 1층에 있는 시네큐브다. 독립영화 위주로 상영하는 이 극장은 주말엔 북적이지만 평일만큼은 절간처럼 고요하다. 간혹 인기 없는 영화를 보러 가면 컴컴한 극장 안에 나만 덩그러니 앉아 있다. 극장을 통째로 빌린 재벌집 막내아들이 된 것 같달까. 영화 줄거리를 수군대거나 핸드폰을 켜거나 음식을 먹거나 앞 좌석을 발로 차는 이가 아무도 없으니 곧바로 영화 속으로 빠져들고 만다.

평일 아침에 조조 영화 보기는 내게 몇 없는 취미 중 하나다. 직장인 시절에는 꿈도 꿀 수 없던 취미가 이제는 일상이 됐다. 엄마는 이런 나를 '한량'이라고 부른다. 남들 열심히 일할 때 나 혼자 뻥뻥 논다고 백수 같다나 뭐라나. 일 있으면 프리랜서고 일 없으면 백수. 종이 한 장 차이니까 엄마의 오해가 그리 억울하진 않다.

조조 영화를 보고 나오면 점심 먹으러 나온 직장인들로 거리가 붐빈다. 이때는 어느 식당에 가도 사람이 많으니 교보문고에서 잠시 시간을 때운다. 딱히 찾아볼 신간이 없더라도 참새가 방앗간에 들르듯 한 번씩 가줘야 서운하지 않다. 날씨가 괜찮으면 경복궁 근처를 배회하다가 그 동네 갤러리에 들러 전시를 본다. 한두 시간을 쏘다니다가 출출해질 때쯤 명동으로 향한다. 보통은 틈새라면에서 빨개라면과 꼬마김밥 조합을 주문하지만, 날씨가 쌀쌀하면 하동관에서 고깃국으로 든든하게 속을 채운다. 마무리로 코인 카페 2호점에 들른다. 창가 쪽 테이블에서 세 달째 21쪽에 멈춰 있는 『모스크바의 신사』를 마저 읽고 라떼 한 잔 마시면 내가 좋아하는 것들로 가득 채운 하루가 완성된다.

나를 위해 온전히 하루를 보내는 건 지극정성을 쏟아야 가능한 일이다. 일단 뭘 해야 내 기분이 나아지고 에너지가 충전되는지 알아내는 게 우선이다. 경험해봐야 아니까 시간과 기회비용이 많이 든다. 이런 시간을 보내는 게 사치스럽게 느껴질 때도 있었다. 아침에 일찍 일어나 멀리 나가 영화 보고, 밥 먹고, 카페 가서 책 읽고. 취재도 데이트도 아닌데 이러고 다녀도 되나? 그래도 처음만 어렵지, 이런 순간들이 쌓이면 당 떨어질 때 꺼내 먹는 사탕처럼 꽤 든든하다.

요즘도 나는 답답할 때면 배낭과 트레킹화를 챙겨 새벽같이 길을 나선다. 이번 목적지는 극장이 아닌 정동진. 새벽 5시 기차를 타고 정동진 역에서 내려 헌화로 드라이브 코스를 지나 금진 해변까지 걷는다. 병맥주를 마시며 19킬로미터 정도 되는 길을 걷다 보면 가슴이 뻥 뚫리고 생각이 정리된다. 가장 좋은 건 평일 찬스 덕분에 초당 순두부나 막국수를 대기 없이 바로 먹을 수 있다는 점. 배부르게 밥 먹고 해변에 앉아 있으면 밀린 일이나 속 썩이는 인간관계 따윈 싹 잊히고 그저 눕고 싶을 뿐이다. 단조롭기 짝이 없는 당일치기 여행을 하고 돌아오면 그 기억으로 얼마 동안은 잘 살아진다.

나는 지금 캐나다행 비행기에서 이 원고를 쓰고 있다. 좁디좁은 이코노미 좌석에 몸을 구긴 채 와인 한 잔 홀짝이면서. 언제 어디로든 훌쩍 떠날 수 있지만, 그 대신 일도 나와 같이 떠날 수밖에 없는 것이 프리랜서의 숙명이다. 3시간 뒤면 캐나다에 도착할 테고 일주일간 여행자의 삶을 살게 될 것이다. 프리랜서로 누릴 수 있는 진정한 기쁨은 바로 이런 거다. 내 일상을 내가 쥐고 어디서 어떻게 보낼지 스스로 결정하는 힘은 그 무엇과도 바꿀 수 없을 것 같다. 퍼스트 클래스 좌석과 바꾼다면 또 모를까….

오한별

누구나 각자의
바위를 이고 산다.

　'불행 배틀'이라는 말을 아시는지? 누가 더 불행한지
겨루는 것이 불행 배틀이다. 아니, 행복 배틀도 아니고
불행 배틀이라니. 유독 한국 사회에서는 상대를 위로해
주기 위해 상대방보다 자기가 더 불행해 보여야 한다는
이상한 현상이 자주 발생한다. 고민을 가진 사람들끼리
공감대를 형성한다는 장점이 있지만, 도가 지나치면 자
신의 어려움을 털어놓으며 불행으로 겨루려는 사람들이
있다. 마치 "너도 힘들지? 나도 힘드니까 우리 서로 힘
내보자!"가 아니라 "네가 힘들다고? 내가 더 힘들어, 그
만하면 살 만한 거야"라는 식으로 상대방의 입을 닫게
만든다. 우리는 모두 각자의 불행을 안고 산다. 간혹 어
떤 사람들은 자신이 지고 있는 바위의 무게를 감당하기

어려워 타인의 바위를 가벼이 여기곤 한다.

직장인들의 하소연을 듣고 있다가 나에게 불똥이 튀었다. 몇 시간 동안 자기 얘기만 하던 애들이 예의상 너는 어떻냐고 묻길래, 나도 마찬가지로 "먹고살기 힘들지 뭐"라고 대답했다. 그러자 이 한 문장이 귀에 꽂힌다. "넌 그래도 회사 안 다니니까 좋지? 출퇴근도 따로 없잖아." 그중에서도 가장 자주 듣는 말은 역시 "넌 하고 싶은 만큼 편하게 일하면서 돈도 벌잖아"라는 것이다. 틀린 말은 아니지만 뭐라 꼬집어 말할 수 없는 불편함은 무엇일까?

하루는 친한 친구가 회사 생활의 고충을 털어놨다. 사소한 것까지 모두 공유하는 그녀 덕분에 나는 그 회사의 내막을 대충 꿰고 있었다. 얘기를 들어보니 친구가 힘들 만했다. 회사는 직원을 부품처럼 여겼고 친구도 그렇게 취급받는 직원 중 하나였다. 더 이상은 버티기 어렵다는 친구에게 나는 조직 생활이 힘들면 프리랜서로 전향하는 것도 고민해보라고 제안했다. 그러자 친구는 만약 프리랜서를 하더라도 커리어를 짱짱하게 채우고 나서 독립하고 싶다고 했다. 그리고 애매한 일을 하는 프리랜서는 되기 싫다고도 덧붙였다. 친구는 내게 힘든 감정을 모두 털어놓고 홀가분해진 상태로 전화를 끊었지만, 내 속은 복잡하고도 시끄러워졌다.

짧은 직장 생활을 했지만 직장인으로 사는 게 고달프다는 건 안다. 매일 지옥철을 타고 출근해 하루 8시간, 많게는 12시간씩 일해야 하고, 조직에서 소외되지 않기 위해 상사, 선후배, 동료 등과 관계를 좋게 유지하고 성과를 위해 입에 맞지 않는 말도 기꺼이 해야 한다. 직장인이 힘든 건 누구나 안다. 그렇지만 프리랜서도 나름의 고된 이유가 있다. 직장인은 직장인대로, 프리랜서는 프리랜서대로 사는 게 피곤한데 왜 만나면 서로 더 불행해지지 못해 안달일까? 일이 잘될 때는 잘된다고, 돈이 잘 벌리면 잘 벌린다고, 행복하면 행복하다고 말하면 큰 병이라도 생기는 걸까?

어릴 때는 나도 불행 배틀에 쉽게 말려들곤 했다. 포브스 선정 '올해의 불행상'을 차지하기 위해 사실은 멀쩡한 내 커리어와 일상에 흠집을 내면서까지 신세 한탄을 했다. 그러던 어느 날 문득 남들 들으라고 하는 영양가 없는 말이 나에게 상처가 될 수도 있다는 것을 깨달았다. 설령 불행 전시를 위해 짜낸 가짜일지라도 내 입으로 나를 낮춰서 말하면 정말 그렇게 될지도 모른다는 생각이 들었다. 그 뒤로 나는 부정적인 대답을 하기 싫어졌다. 정말 힘들다면 모를까, 일이 잘될 때는 잘된다고 솔직하게 답해야지 마음먹었다. 누가 얼마나 불행한지 염탐을 끝낸 사람들은 그날 밤 침대에 누워 상대적으로 덜 불행한 자신을 위로하며 근심 걱정에서 잠시나마 벗어나겠지. 상상만으로도 기가 쭉쭉 빨린다. 우리 불행 말고 차라리 행복 배틀 합시다. 네?

누가 호구인지 모르겠으면
내가 그 호구다

최근 친한 선배가 동반 1인 자리를 마련해준 덕에 어느 브랜드 VIP 행사에 초청되었다. 행사는 대담, 전시, 영화 관람, 간단한 식사, 카페, 바 등 즐길 거리가 다양했고, 무엇보다도 밤 10시 이후에는 요새 핫하다는 셀럽들이 총출동하는 애프터 파티가 예정돼 있었다. 나는 셀럽에게 전혀 관심 없는 '머글'이었기에 낮에 공간만 둘러보고 행사장을 빠져나왔다. 그때 어려 보이는 여자 둘이 내게 다가왔다. 우리는 이상한 사람이 아니고 오늘 밤 행사에 참석하는 아이돌 오빠들의 팬이라며 자신들을 소개했다. 웬만한 '도민걸'들에게 당해본 적이 있어 그냥 무시하고 지나치려고 했지만, 그녀들은 내 팔을 붙잡고 애원했다. 혹시 그 프레스키트(행사 소개가 적힌 종이)

와 티켓(이미 한 번 입장해 효력이 없어졌지만) 버릴 거면 자기들에게 달라고, 오빠들 보러 들어가고 싶은데 방법이 없다고 했다. 혹시 모를 불상사가 생길까 망설였지만 더운 날씨에 절어버린 그들의 얼굴이 마음에 걸렸고, 어차피 입구에서 못 들어갈 것 같아 그냥 요구를 들어줬다.

집에 오는 길에 오랜 세월 아이돌 덕후 생활을 하고 있는 친구에게 에피소드를 얘기했다. "오빠를 보기 위해 생판 모르는 남한테 그런 부탁을 할 수 있을까? 너무 귀여워!" 갑자기 친구의 목소리가 심각해졌다. "혹시라도 그 아이들이 운 좋게 행사장에 들어가서 아이돌 사진을 찍어 SNS에 올리면 그 사진들이 꽤 비싼 값에 팔릴 거고, 그러면 비공개 행사장에 어떻게 들어갔는지 추궁당할 것이고, 재수 없으면 너한테 피해가 갈 수 있어. 그게 귀엽니?" 그 말을 듣자 내 망상 회로는 이미 궤도에 올랐다. 나는 브랜드 측으로부터 고소를 당해 감옥에 갔는데 그 친구들은 아이돌 사진으로 떼돈을 벌어들인다고 상상하니 머리가 아팠다. 다행히 걱정이 무색하게 아무 일도 일어나지 않았고, 내 '호구력'을 입증하는 에피소드는 이렇게 하나 더 늘어났다.

나의 호구력은 유구한 역사를 자랑했다. 장남, 장녀

커플 사이에 태어난 K-외동딸로서 가정교육이 훌륭했음을 보여주기 위해 거절 따위는 모르고 성장한 배경도 한몫했다. 이 같은 호구력은 직장에서도 변함없었다. 동료들에게 밉보이기 싫어서 부탁을 거절하지 못했고, 야근까지 하면서 그들의 일을 기꺼이 도왔다. 프리랜서가 되자 호구력은 본격적으로 발전되었다. 이미 한 달치 작업 스케줄이 다 나온 상황에서 친한 동료들의 애절한 부탁을 외면하지 못해 받아준 것이다. 이렇게 부탁을 들어주다 보니 나만 죽어나는 상황이 계속되었다. 안 하던 실수를 하거나 원고 일정을 놓쳤고 이런 것들이 쌓여 스스로를 무능한 인간으로 몰아가는 지경에 이르렀다.

나는 그제야 프리랜서에게 좋은 기회도 많지만, 반드시 거절해야 할 의뢰도 있기 마련이라는 걸 알게 됐다. 그래서 나를 위해, 또 내 일을 위해 지켜야 할 철칙을 몇 가지 세웠다. 예를 들어 클라이언트가 일반적인 단가보다 훨씬 더 낮은 가격으로 일을 의뢰했거나, 도저히 맞출 수 없는 마감일자를 제시하거나, 기존에 논의하지 않았던 업무를 무리하게 추가할 때 나는 "죄송합니다. 어려울 것 같네요." 한마디로 거절하기로 했다.

만사가 그렇듯 처음 한두 번은 너무 어려웠다. 부탁

을 거절하면 마음이 무거웠고 스트레스도 받았다. 다음 번에 일이 없으면 어쩌나 매일 밤 걱정하느라 늘 긴장하고 경직된 상태였다. 누군가는 내 거절에 서운함을 표했고, 나는 눈치를 보다가 일은 일대로 진도가 안 나갔다. 그런데 신기하게도 거절에 익숙해지자 몸이 편안했다. 일 때문에 밤을 지새거나 마감에 허덕이지 않았으니까. 만약 내가 직장인 신분이었다면 거절할 결심을 할 수 있었을까? 조직에서 시킨 일을 거절하면 트러블 메이커가 된다. 반면 프리랜서에게 거절은 그리 어려운 일이 아니다. 그렇다고 다짜고짜 거절부터 하진 않는다. 나와 맞지 않는 일이고 일정도 문제가 된다면 어쩔 수 없이 놓아줄 수밖에 없다.

프리랜서의 길을 선택한 지 3년이 막 넘은 지금, 1인 기업(?)으로 조금은 안정된 것 같아 무척 보람 있고 마음이 편해졌다. 직업 만족도를 묻는다면 120%라고 단언할 수 있다. 수입은 많지 않지만, 불편한 상황에 휘둘리지 않고 마음껏 내 일을 할 수 있다는 사실이 공기처럼 자연스러우면서도 끝없는 기쁨을 준다.

오한별

회사는 없어도
동료는 있습니다

"혼자 일하면 외롭지 않니?" 가족이나 친구들, 옛 직장 동료들이 종종 묻는다. 그럼 나는 이렇게 답한다. "아니? 난 혼자 일하는 게 편해. 정말이야!" 반은 진심이고 반은 거짓이다. 혼자 일하는 게 편하고 좋기도 하지만, 한편으로는 외로움을 들키고 싶지 않아서 두 번이나 긍정한 것이다.

프리랜서는 챙겨주는 사람 없이 혼자 고민해야 하고 혼자 성과로 존재를 증명해야 한다. 회사에 다닐 때는 개인의 역량보다는 조직의 실적이 더 중요했기에 직장 상사나 동료들이 내 실수를 나름 수습해주곤 했다. 하지만 프리랜서는 모든 것을 혼자 감당해야 한다. 하소연할 곳도 없다. 아무도 "오늘 수고했어"라고 어깨를 토닥이며 맥주 한잔 권하지 않는다. 일단 스스로 시작한 일은 스스로 추진하고 완성해내야 한다.

혼자 일하는 걸 좋아한다고 해서 외롭지 않은 건 아니다. 프리랜서에게 외로움은 자신이 원하는 환경에서 일하기 위해 지불하는 대가일 뿐이다. 어쩌면 외로움보다는 고독을 선택한 것 같다. 외로운 건 타의적이지만, 고독한 건 스스로를 고립시킨 결과이니까. 그래서 그런지 몰라도 프리랜서들은 비슷한 일을 하는 동료들을 계속 찾아 헤맨다.

한번은 촬영장에서 같은 일을 하는 프리랜서 에디터를 만난 적이 있다. 서로 초면이었는데 그 에디터가 반갑게 인사하며 본인을 소개했다. A 매체의 푸드 기사를 담당하고 있고 오늘은 제철 음식 소개 기사에 쓸 재료들을 찍으러 왔노라고. 그녀는 포토 스태프에게 내 정체를 물었고 같은 프리랜서라는 걸 알고는 너무 반가웠다고 했다. 소소한 스몰 토크를 시작하던 그녀는 요즘 하는 프로젝트가 얼마나 힘든지 토로했고, 나중에 커피 한잔하자는 마무리 멘트와 함께 자리로 돌아갔다. 나는 생각했다. 얼마나 외로웠으면 생판 초면인 사람에게 자기 이야기를 하는 걸까? 일에 대한 고민을 나눌 사람이 필요했던 걸까?

프리랜서 3년 차에 나는 운 좋게 새로운 프리랜서 동료들을 만났다. 친한 선배가 두 달에 한 번, 세 달에 한 번씩 함께 일할 '파티원'을 구해서 합류하게 된 것이다. 우리는 각자 흩어져서 일하다가 프로젝트가 있을 때마다 뭉치기를 반복했다. 애프터스쿨의 유닛 그룹 '오렌지 캬라멜' 같다고 할까? 우리는 주력 파트가 서로 달라서 평소에는 각개전투로 일하지만, 한 권의 책을 만들 때는 긴 호흡이 필요해 모여서 기획회의도 하고 구성도 짜고 그 안에서 일을 나눠 맡는다. 각자 마감할 일이 있지만 비슷한 일정으로 움직이기 때문에 소소한 고충도 털어놓을 수 있어 더욱 의지가 된다.

프리랜서 초기에는 주로 작은 프로젝트를 맡아서 하다 보니 혼자 일하는 시간이 지금보다 훨씬 많았다. 패션 에디터라는 경력을 살려 패션 관련 위주로, 욕심 없이 내가 할 수 있을 양만 의뢰받았다. 그렇게 경험치를 쌓자 패션 외의 일이 들어오기 시작했다. 내 전공이 아니지만 일의 영역을 확장할 수 있을 것 같아서 덜컥 받았다가 후회하는 일도 더러 있었고 한계를 느끼기도 했다. 그때마다 나는 동료들에게 도움을 요청했다. 동료들은 자기 일처럼 고민하고 방법을 찾아주었다. 또 다양한 분야에서 활약하는 동료들이 손 내밀어준 덕에 재미있고 발전적인 일에도 도전해볼 수 있었다. 지금처럼 난생처음 에세이를 써보는 일 같은 것들 말이다. 덕분에 나는 다룰 수 있는 분야가 많아졌고, 밋밋했던 포트폴리오도 다채롭게 채워졌고, 무엇보다 자신감이 생겼다.

매월 16일에서 17일이 넘어가는 새벽 2시. 숨넘어가는 마감 일정에 잠 못 이루는 때다. 수면 부족과 피로 누적에 시달린 몸은 지금 당장이라도 포기하고 침대에 누우라며 하품을 내보내며 성화다. 내 얼굴보다 새하얗게 질린 워드 창을 보고 있는데 이내 눈이 감긴다. 아, 오늘은 도저히 안 되겠다. 나 포함 두 명이 있는 카톡 창에 이 한마디를 쓰고 노트북을 닫는다.

"오늘 저 먼저 셔터 내립니다. 조금만 화이팅하시고 내일 만나요. ㅠㅠ (사방으로 눈물 뿜는 이모티콘)"

나는 대개 프리랜서 동료들과 일에 관한 이야기와 고민을 나눈다. 같은 일을 한다는 동질감은 대단하다. 이야기를 하다 보면 프로젝트당 고료로 얼마를 받는지, 일을 끌어오는 노하우는 무엇인지, 어떤 클라이언트를 공략하면 좋은지 팁도 얻을 수 있다. 동료 프리랜서에게 새로운 일거리를 소개받기도 한다. 그러나 가장 크게 얻을 수 있는 건 이런 실용적인 팁이 아니라 '연대감'이다. 너도 그래? 나도 그래. 우리에게 외로움은 숙명이야. 이런 생각에서 오는 뜨거운 동료애 말이다.

솔로로 일하다가 유닛으로 데뷔하니까 장점이 너무 많았다. 일단 덜 외로웠다. 그전까지 혼자 고민하고 일하고 성과를 증명해야 했다면, 지금은 동료들과 모든 것을 함께 나누고 공유하니까 한결 가볍게 일할 수 있다. 작업 일정이 비슷하니 갑작스러운 번개 만남도 가능했다. 나의 동료들은 미식을 탐닉하는 피처 기자들이라 그런지 좋은 맛집과 술집을 잘 알았다. 바를 옮겨가며 술을 마시는 '바 호핑'을 하다가 아이템 소재를 얻기도 하고, 파인 다이닝 기사를 쓰다가 마감 끝난 김에 파인 다이닝을 예약하기도 한다. 두서없이 던지는 농담 속에 번뜩이는 사업 아이디어가 300개 정도 나온다. 친구들과 그냥 놀 때와는 색다른 재미가 있어 만남이 늘 기다려졌다. 셋이 모이면 여고생들처럼 웃기 바쁘다. 고민이나 고충을 털어놓으면 그 누구보다 자신의 일처럼 나서서 해답도 찾아준다. 일러바칠 사람이 생긴 것만으로도 마음이 든든했다.

한번은 어떤 디자이너와 전화 인터뷰 중에 눈물이 쏙 빠질 정도로 혼난 적이 있었다. 과거 그녀가 소속된 단체가 해체됐는데, 내 질문이 그 괴로운 사건을 상기시켰다는 게 이유였다. 도대체 어떤 의도로 본인에게 그런 질문을 한 건지 기분이 너무 나빠서 인터뷰하고 싶지 않다는 말로 인터뷰가 시작됐다. 결국은 10분에 한 번씩 사과하고 나서 간신히 인터뷰를 마무리 지었다. 전화를 끊고 내 실수에 대한 수치심과 누군가에게 상처를 준 것에 대한 속상함에 하루를 보냈다. '나는 왜 그랬을까?'부터 시작해서 '이 일을 하면 안 되나 보다'까지 자책 레퍼토리가 애국가 4절보다 길었다. 일 때문에 나에게 잠깐 전화를 걸었던 동료들에게 이 사실을 털어놨다. 동료들은 각각 다른 시간, 다른 장소에 있었지만 각자의 방식으로 내 편을 들고 위로해줬다. 동료들이 있어 참 다행인 순간이었다.

언젠가 한 프리랜서 선배가 해준 이야기가 생각난다. "혼자 일하는 게 외로우면 프리랜서 못 하지. 나는 남들이 다 자는 새벽에 혼자 원고 쓰다가 현타 오면 탄수화물을 먹어. 그럼 해소가 돼." 이후로 난 홀로 일하는 게 유독 외롭고 고달픈 날에는 꼭 빵을 먹는다. 그리고 나와 비슷하게 외로움 속에서 혼자 일하고 있을 사람들을 떠올린다. 오늘도 어딘가에서 사투를 벌이고 있을 프리랜서 동료들에게 전화를 걸어 안부를 묻는다. 모두 안녕한 거죠?

유승현

애매한 성실은 필요 없어

네 마리 고양이 동료와
일한다는 것

"죄송해요. 제가 고양이를 키우고 있어서." 인터뷰이와 화상 인터뷰를 할 때면 한 번씩 내뱉는 말이다. 방문을 닫고 일하면 문을 열어달라고 성화하는 탓에 나의 인터뷰 화면에는 종종 반려묘들이 등장한다. 귀엽다며 고양이를 더 보여달라는 인터뷰이가 대부분이지만 언제나 등 뒤로 식은땀이 흐른다. 이게 모두 네 마리의 고양이를 키우는 탓이다.

1시간 남짓 웃고 맞장구치며 끊임없이 인터뷰이에게 질문을 건네는 나를 개의치 않고 낮잠을 자는 녀석들도 있지만, 꼭 호기심 많은 한두 마리가 컴퓨터 앞을 어슬렁거리며 존재감을 드러낸다. 이따금 내가 무얼하는지 뚫어져라 바라보는 고양이들을 마주할 때면 '어쩌다 이렇게 고양이를 많이 키우게 됐을까?' 자조 섞인 웃음이 난다. 고양이마다 가족이 된 사연은 다르지만 결국엔 종일 집에서 일할 수 있는 환경이 마련되었기에 고양이들을 데려올 수 있었다. 회사에 다닐 땐 월간지 마감으로 새벽 2~3시에 퇴근하는 게 예삿일이었던 터라, 자취를 시작하고는 본가의 반려묘를 거둘 생각을 일절 하지 못했다. 내 한 몸 먹이고 누일 시간이 절대적으로 부족한 잡지사 에디터에게 마음과 시간을 쏟아야 하는 반려동물은 가장 큰 사치였다. 늦은 퇴근 후에 자취방 현관문을 열 때면 집 안에 감돌고 있던 공허가 싫어 식물을 기른 것도 여러 번이었다.

프리랜서가 된 이후, 본가의 고양이를 포함해 네 마리의 반려묘가 눈 뜨는 순간부터 잠들 때까지 내 곁을 지킨다. 반려묘들은 우리 가족의 마스코트이자 나의 가장 가까운 동료다. 모니터 속 움직이는 마우스 커서를 사냥할 듯 노려보는 고양이들을 위해 오늘도 책상 위를 깨끗하게 정리한다. 책상 발밑엔 긴 스크래처가 자리해 더 자주 청소해줘야 한다. 이렇게 번거로움을 사서 부르는 네 마리 고양이지만, 이들의 힘은 위대하다. 클라이언트의 무례한 부탁으로 짜증이 솟구치는 순간에도 고양이의 헤드번팅 한 번이면 화가 녹는다.

또 시간 개념 없이 일하는 프리랜서에게 고양이는 제 시간을 일러주는 갸륵한 존재다. 나는 매일 고양이의 시계에 따라 일한다. 이른 아침 고양이들이 밥 달라고 우는 통에 늦잠 없이 하루를 시작하고, 늦은 밤 밥그릇과 물그릇을 설거지하며 하루를 안온하게 마무리한다. 어떤 날은 무릎 위에서 잠든 고양이로 인해 다리가 저려 강제 휴식을 취하기도 하고, 일이 많아 새벽까지 원고를 쓰는 날엔 침실로 가자는 고양이들의 울음에 마지못해 컴퓨터를 끄기도 한다. 또 종일 창밖을 보는 고양이들의 시선에 따라 계절의 변화를 빠르게 확인한다. 그렇게 네 마리의 고양이는 밤낮없이 일하는 프리랜서의 물리적, 심리적 시간을 좌우한다.

회사 생활을 할 때 나는 관계에 참 민감했다. 옆 사람의 감정이 쉬이 전이되는, 소위 '다정도 병'인 성격이라 적잖이 스트레스를 받곤 했다. 선배에게 꾸지람을 듣고 속상해하는 후배에게 '괜찮다, 더 잘할 수 있다'고 격려하는 카톡을 보내기를 여러 번. 직장 생활이 길어지면서 나쁜 말을 내뱉는 상사보다 타인의 감정을 촘촘하게 흡수하는 나에게 지쳐버렸다. 특히 시기, 질투, 분노처럼 악한 감정은 더욱 또렷하게 전해져 마음에 큰 소란을 일으켰다. 어떤 날은 편집장에게 혼나는 선배의 모습을 보는 게 곤욕스러워 회사 밖을 하릴없이 20~30분씩 걷기도 했다. 회사 주위를 뱅글뱅글 돌며 '이게 뭐하는 짓일까' 자문했던 순간을 잊을 수 없다.

나는 세 번 퇴사했다. 그리고 퇴사를 결심하게 된 큰 이유는 사람들과의 갈등이었다. 큰 소리로 치고받고 엉엉 울어야만 마찰이던가. 누군가의 한숨이 마음에 자꾸 맺혀서 잠 못 이룬 날도 있었고, 느리지만 꾸준히 달리고 싶었던 나의 노력과 진심을 무시당해 울며 출근하던 날도 있었다. 촬영을 하고 기사를 쓰는 일에는 노련해졌을지언정, 사회생활은 좀처럼 늘지 않았다. 누구의 탓도, 악의도 아닌 나의 예민한 성정이 원인이었다. 끊임없이 요동하고 쏟아내다가 이내 고꾸라지는 내면을 부여잡고자, 술도 마시고 계절마다 여행도 떠났다. 물론 해방감은 아주 일시적이었다.

그에 반해 지금은 고양이 동료들과 매일 함께하고 많은 순간을 공유하며 내면의 안정을 느끼고 있다. 고양이 동료들에게 나는 차분함과 용감함을 배웠다. 고양이들은 높은 곳에 오르려다가 떨어진 순간에도 결코 우아함을 잃지 않는다. 마치 실수를 의도했다는 듯이 다시 꼬리를 빳빳하게 세우고 거실로 걸음을 옮긴다. 다음 날이면 똑같은 자리에서 다시금 뛰어오르려 앞발과 엉덩이를 들썩이는 녀석을 만날 수 있다. 물을 마시며 은근슬쩍 그의 도약을 관찰한다. 오늘은 성공. 고양이처럼 의연하게 거침없이 도전하는 게 프리랜서의 일, 아니 우리 모두의 일일 수도 있겠구나 싶다. 또 낮잠을 자고 일어나거나 눈앞에 간식이 놓였을 때 흥분을 가라앉히고자 스트레칭을 하는 고양이를 보며 '어떠한 순간이 닥치든 일단 숨을 고르고 행동하자'고 다짐한다. 굳이 마음을 소란하게 긁어가며 일할 필요가 없다.

네 마리 고양이와 일하는 프리랜서라고 해서 일상에 극적인 변화는 없다. 그저 잔잔하게 흘러가는 모노드라마 같다고 해야 할까. 매일 돌봐야 할 고양이들이 있으니 긴 출장이나 여행은 어렵지만 나는 이 삶이 매우 만족스럽다. 언제나 고양이 동료들은 나에게 무해한 것만 준다. 나에게 특별히 감정을 표출하거나 원하는 것 없이 그저 일상을 함께하는 것이 전부다. 그럼에도 나를 늘 관찰하며 동태를 살피고 위로가 필요한 순간에 다가와 곁을 내준다. 그들에게 나는 이미 가족이자 무리의 동료다. 나는 이 작은 생명체들의 지지만으로도 일과 사랑, 가정을 지탱할 충분한 용기를 얻는다. 이러한 다정이 병이라면 평생 앓아도 좋겠다 싶다.

파워 P의
효율적으로 일하기

제주살이를 시작하면서 나는 공항을 자주 찾았다. 언젠가는 나흘간 매일 비행기를 탔다. 월요일은 서울에서, 화요일은 제주에서, 수요일은 서울에서, 또다시 목요일은 제주에서 잤다. 지난 일주일 동안 다섯 개의 촬영과 두 번의 미팅을 했으며, 총 열 개의 원고를 냈다.

제주의 프리랜서라고 하면 핸드폰 알람 없이 창가로 드는 볕에 기분 좋게 일어나 커피 한 잔 마시며 바다 방향을 향해 노트북을 여는 모습을 상상하겠지만, 애석하게도 나와는 다소 거리가 먼 이야기다. 대부분 서울에 본사를 둔 매거진, 브랜드와 일하기 때문에 나로서는 주 1~2회 비행은 불가피한 선택이다. 그렇다고 피곤하다거나 바쁘다고 불평을 늘어놓기엔 시간이 절대적으로 부족하다. 나 역시 남들과 똑같이 24시간이 주어진다. 하지만 매주 80~100시간가량 일을 한다. 여느 직장인보다 많은 시간 일하는데도 다행히 정신적인 피로감은 그리 크지 않다.

궁극에 많은 일을 빠르게 해내면서 프리랜서와 보통 '나'의 삶을 건강하고 만족감 있게 꾸리려면 시간을 최대한 효율적으로 사용해야 한다. 그러나 P 중에서도 파워 P인 나는 촘촘한 시간 관리가 불가능하다. 당장 눈앞에 놓인 일들을 처리하느라 스케줄러를 쓸 시간도 없는 게 P의 현실이 아니던가. 그럼에도 시간을 효율적으로 관리해야 한다. 여러 번의 부침 끝에 내가 찾아낸 방법은 플래너를 쓰는 대신 일종의 루틴, 즉 시스템을 만드는 것이었다. 계획하지 않고도 일을 빠르게 끝낼 수 있는 나만의 시스템이 필요했다.

먼저 나는 일을 할 때 인터넷이 필요한 작업과 그렇지 않은 작업 둘로 나누어 생각한다. 가볍직한 핫플레이스나 국내외 건축물 또는 아트페어 소개 기사, 컴백을 앞둔 아이돌의 인터뷰 질문지 작성 같은 일은 전자에 속한다. 여러 자료와 기사들을 크로스 체크하면서 작성해야 하기 때문에 인터넷 사용이 필수적이다. 이러한 일들

유승현

은 대부분 집에서 데스크톱으로 처리한다. 반면 녹취를 풀거나 인터뷰 원고 또는 에세이 작성, 카피라이팅 등은 인터넷 없이도 가능하다. 그래서 공항이나 비행기 안, 인터뷰 전 대기 시간을 할애해 조금씩 꾸준히 하는 편이다. 노트북을 열기 어려울 때는 휴대폰 메모장을 사용해 생각나는 것들을 적어둔다. 또한 몸도 마음도 피곤해 원고가 써지지 않는 날엔 레퍼런스 이미지를 찾거나 자료 협조 또는 제품 협찬을 위한 공문 작성처럼 자잘하지만 품이 드는 일들을 처리해 업무 공백을 최소화하려고 노력한다. 수십 번 본 드라마나 영화를 아이패드에 켜두는 것도 스트레스 해소에 꽤 도움이 된다.

어딘가 자리를 잡고 앉아 긴 시간 일하는 것도 중요하지만, 디지털 노마드에게는 자투리 시간을 최대한 활용하는 것이 무엇보다 중요하다. 촬영장이나 인터뷰 장소로 이동하는 중간중간 여러 플랫폼을 넘나들면서 이달에 소개하면 좋을 콘텐츠나 인터뷰이를 찾아 클립핑해둔다. 덕분에 나는 온라인 플랫폼 세 곳과 매거진 한 곳에 매달 기획안을 고정적으로 제출해야 하지만 긴 시간을 들이지 않고 작성할 수 있다. 꾸준히 채집한 정보들을 편집해 기획안을 작성하다 보면 최근의 콘텐츠, 라이프 스타일, 대중문화 경향 같은 것들이 한눈에 들어올 때도 있다.

나의 시간을 값어치 있고 효율적으로 쓰려 노력하는 만큼 상대의 시간도 존중하고자 노력한다. 프리랜서가 되기 전엔 몰랐다. 내게 시간을 내어주는 일이 돈만큼 가치 있고 소중한 것을 내어준다는 사실을. 최대한 메일을 간결하게 쓰고 군더더기 없는 문장들로 원고를 채우려는 노력도 이러한 생각의 연장선이다.

인터뷰도 매한가지. 인터뷰 준비 과정에 있어 언제나 섭외 메일을 쓸 때 가장 공을 들인다. '왜 당신과 해당 플랫폼을 통해 인터뷰하고 싶은지', '어떠한 대화를 나누고 싶은지' 등을 일목요연하게 정리해 보낸다. 섭외 메일을 보낼 때부터 인터뷰 방식, 일정, 대략적인 인터뷰 장소 등을 정리해 보냄으로써 인터뷰이에게 다양한 선택지를 제공하는 식이다. 또한 인터뷰에서 나눌 대화의 갈피를 조금 더 명확하게 정리해 인터뷰 질문지를 미리 공유하는 편이다. 회사에 다닐 땐 모든 인터뷰를 대면으로 진행했지만, 프리랜서가 된 이후로는 대면뿐만 아니라 화상, 유선, 서면 등 다양한 방식을 통해 인터뷰이와 만난다. 서면 인터뷰 후에 부족한 부분을 유선 인터뷰로

유승현

보강하는 경우도 더러 있다.

　타임 테이블이나 주간 또는 월간 계획표를 쓰지 않고도 내 시간은 제법 효율적으로 흘러간다. 어느 목요일 서울에서의 일과를 소개해볼까 한다. 이른 아침 잡지 화보 촬영장에서 OTT 오리지널 시리즈에 출연한 세 명의 배우와 인터뷰를 진행했다. 정오쯤 인터뷰를 끝내고 푸드 브랜드 온라인 콘텐츠에 필요한 음식 사진 촬영을 위해 촬영 스튜디오로 향했다. 이동하는 중간 밀린 메일과 문자에 회신했다. 푸드 촬영을 끝마친 시간은 오후 4시. 부리나케 김포공항으로 향해 제주도행 비행기를 탔다. 제주공항에서 내리자마자 발레 학원에 갔고 오후 8시 30분이 되어서야 귀가해서 늦은 저녁을 먹은 뒤 아침에 했던 인터뷰 원고의 녹취를 풀었다. 이동하는 틈틈이 휴대폰으로 한 브랜드에 보낼 기획안 아이템도 찾아봤다. 하루가 참 길었고 해낸 일도 많았다. 하지만 이 모두가 가능했던 건 나만의 흐름과 시스템을 따라 움직였기 때문이다.

　분명 프리랜서마다 시간을 쓰는 방법이나 원칙이 다르리라 생각한다. 계획과는 거리가 먼 파워 P일지라도, 밤에 작업하는 것이 익숙한 야행성 프리랜서일지라도 저마다 흐름이 있을 것이다. 자신이 어떠한 흐름에 따라 일을 하는지 먼저 파악하고 그 안에서 고효율의 리듬을 찾는다면 누구보다 많은 것을 해낼 수 있으리라 믿는다. 오늘도 나는 바쁘디바쁜 스케줄 속에서 나만의 리듬으로 노를 젓는다.

바다와 서핑
그리고 일

　제주살이를 시작하고 매년 7~8월이 되면 김녕해수 욕장에서 많은 시간을 보낸다. 초등학교 선생님인 남편 의 방학이 시작되는 동시에, 바다로 내리쬐는 볕도 더할 나위 없이 투명해지기 때문이다. 집에서 차로 10분이면 갈 수 있는 삼양해수욕장도 종종 물놀이 스폿이 된다.

　끼니를 거를 만큼 쉴 틈 없이 일해야 하는 날이 아니 라면 언제든 바다에 몸을 담글 수 있는 것이 제주살이의 특혜가 아니던가? 나는 이런 마음으로 여름이면 바쁜 일정 중에 짬을 내서라도 평일, 주말 구분 없이 주 2~3 일씩 바다에 가 물놀이를 하며 몸을 그을린다. 부슬비가 내리는 날에도, 전날 태풍의 영향으로 바닷물이 검어진 날에도 바다를 찾는다. 바다에 몸을 담그느라 밀린 일은 저녁 식사 후 졸린 눈을 부비며 새벽까지 야근하는 것으로 대체한다. 휴가철이면 친구, 가족들도 제주를 자주 찾는 터라 바다에 갈 일이 더욱 잦아진다. 도시에선 볼 위를 덮던 주근깨가 자연스레 팔과 어깨까지 번졌다. 서울 출장으로 지하철을 탔을 때 도시 사람들의 하얀 피부 속 초콜릿색으로 검게 탄 나의 팔과 다리가 유독 도드라진 적도 있었다.

되돌아보면 회사를 다니는 내내 나는 여행, 서핑, 요가, 술 등에 빠져 살았다. 월간지 에디터는 마감 때문에 한 달에 한 번 주말에 출근하는데, 나는 나머지 3주의 주말은 먹고 마시고 운동하는 데 쓰기 바빴다. 토요일 새벽이면 전날 마신 술로 인한 숙취에 괴로워하는 몸을 깨워 강원도 양양이나 속초로 가는 고속버스를 탔다. 바다 위 서핑보드를 타고 라인업에 둥둥 떠 있을 때면 한 주의 시름이 잊히는 듯했다. 물론 월요일이 되면 스트레스와 잡념이 다시 가열차게 차올랐지만 그 잠깐의 틈이라도 간절했다.

회사는 다닐수록 나의 마음을 가난하게 했다. 조직에서 허기진 마음을 보상하기 위해서라도 나는 경험만능주의자, 맥시멀리스트가 되어야 했다. 사고 싶은 것,

입고 싶은 것, 경험하고 싶은 것들이 내 주머니 속 월급을 털어갔다. 회사에서 뺨 맞고 월급에 화풀이해대는 격이었다. 이 모두는 내게 주어진 세상이 너무 좁은 탓이었다. 반 평 남짓한 책상 위에서 많은 일을 해내면서 나의 몸과 마음은 빠르게 소모되었다. 결국 나는 헛헛함을 이기지 못하고 한 달 휴직을 신청해 러시아 횡단열차에 몸을 실었다. 러시아를 거쳐 폴란드까지 여행하고 돌아와서는 매체를 옮겨 회사 생활을 다시 시작했지만 1년 반 만에 회사 문을 박차고 나왔다. 원인 모를 방랑벽 때문이었을까, 나는 돌고 돌아 반 평짜리 책상이 아닌 바다가 사방을 둘러싼 섬에 살게 되었다.

어려서부터 나는 바다와 물을 좋아했다. 물속의 고요도, 물살을 가르는 힘찬 몸짓도 좋았다. 누군가는 섬에 사는 일이 꽤 고독하다고 말한다. 나는 이 섬에서 외로움보다 거센 평온을 느낀다. 이 섬이 지닌 리듬, 에너지는 이제껏 내가 살며 경험하지 못한 것이다. 거칠게 부는 바람, 밀려드는 파도, 피부를 뚫어낼 듯 따갑게 내리쬐는 볕까지 도시의 것과는 다르다. 그리고 그것들이 나를 더욱 힘 있게 살아가게 한다. 섬에 살려면 기운이 필요하다. 거친 것들이 맞물려 빚어낸 평온은 남의 인생인

양 꾸역꾸역 살아가던 도시의 나를 반성하게 한다. 인생은, 돈은, 일은 본래 거칠다. 그 속에서 나만의 평온을 찾아야 한다.

서핑을 할 때 큰 파도가 몰려오면 파도를 등지고 도망치는 대신 맞서 그 속으로 들어가야 안전하다. 언제든 거친 파도 속 숨겨진 고요를 찾아야 한다. 도시의 에너지가 버거워 도망쳤던 나는 섬에 살고서야 그 사실을 다시금 깨달았다. 되려 어떠한 파도나 물결도 일지 않는 바다를 경계해야 한다. 너무 잔잔해서 마치 장판 같은 바다에서는 하릴없이 시간을 흘려보내기 십상이다. 물에 둥둥 떠서 세월을 낚는 대신 어깨 힘을 다해 앞으로 나아가는 패들링을 연습하며 서핑 실력을 쌓아야 한다. (개인적으론 거친 파도에 맞서 서핑하는 것보다 뙤약볕에 패들링하는 시간이 힘들다고 생각한다. 잔잔한 일상에서 보이지 않는 목표를 향해 정진하는 것이 힘든 것처럼.)

프리랜서가 된 이후, 회사 생활을 할 때보다 두세 배는 많은 일을 하고 있다. 커피를 물처럼 마시며 부족한 잠을 쫓는 만성피로가 일상이지만 일에 몰입하는 일상에 만족한다. 나의 능력을 필요로 하는 사람들, 조직과 일하며 자기효능감도 꽤 높아졌다. 이번 주도 마감이라

유승현

는 거친 파도에 잡아먹히기를 여러 번, 오늘은 이른 아침 일어나 식탁 앞에 앉아 생각했다. '마감에 압도되는 사이클을 바꿀 방법은 없을까?' 아직도 내가 경험해야 할 서핑 스폿이 많다. 어깨와 허리의 힘을 기르고, 좀 더 유연하게 커리어 보드를 이끌기 위해 오늘도 바다로 간다.

참을 수 없는
형식의 중요성

　프리랜서는 자유를 뜻하는 '프리'(free)와 창을 사용하는 창기병 '랜스'(lance)의 합성어다. 중세시대에는 창의 개수로 전술 규모를 파악하곤 했다. 이때 왕이나 영주에게 소속되지 않은 채, 고용주의 보수를 받고 싸움에 참여하는 창기병을 프리랜서라 불렀다. 지금으로 치면 사설 용병과 같을 듯하다. 프리랜서는 전쟁의 어느 때든 고용주의 필요에 따라 전장에 합류한다. 용병 프리랜서에게 적응을 위한 시간은 주어지지 않는다. 언제든 사력을 다해 최고의 기량을 발휘해야 한다. 고용주의 승패뿐만 아니라 자신의 목숨이 달렸기 때문이다. 현대의 프리랜서도 마찬가지다. 프리랜서에게 입사 또는 이직 후 일반적으로 주어지는 오리엔테이션이나 적응 기간은 사치다. 계약한 프로젝트에서 살아남아 새로운 일감을 받게 되는 것도, 일감이 끊기는 것도 한순간이다.

어느 순간이든 좋은 기량을 드러내기 위해서 프리랜서가 갖춰야 할 역량은 다양하다. 작업물의 완성도, 빠른 피드백, 마감 기한 엄수 등이 역량의 지표가 될 수 있다. 여기서는 그중에서 페이퍼 워크 형식에 대해 말하려 한다.

대면 미팅 후 계약이 성사되는 경우도 있지만, 프리랜서의 일은 전화나 메일을 통한 의뢰로 대부분 시작된다. 의뢰에 대한 회신 메일과 문자, 서류, 원고 등 모든 페이퍼 워크는 프리랜서의 첫인상을 결정한다. 그 때문에 페이퍼 워크는 간결하고 반듯해야 한다. 특히 글을 기반으로 활동하는 프리랜서로서 나는 이유가 분명한 문장만 쓰려고 노력한다. 또한 기획의도, 방향, 세부내용 등을 문단으로 명확히 구분하고 최대한 상대가 읽기 편한 흐름으로 연결해 전달한다. 원고, 구성안, 정산서도 나만의 양식을 미리 만들어두고 거기에 맞춰 통일된 형태로 작성한다. 메일 역시 단 한 명의 담당자와 소통하더라도 의제를 구분해 작성하고 그에 따라 회신한다. 업무 담당자와 사적으로 긴밀한 사이일지라도 메일에 농담이나 잡담을 적는 일은 지양한다. 종종 담당자가 메일을 팀원이나 상사에게 그대로 포워딩할 때도 있기 때문이다.

형식은 클라이언트에게 신뢰감을 줄 뿐만 아니라, 일의 범위, 방향을 가늠하는 데에도 큰 도움이 된다. 클라이언트가 보내온 메일과 여러 서류 속에서 나는 가장 먼저 프로젝트의 의도, 방향, 타깃, 톤앤매너를 파악한다. 여기서 한 걸음 더 나아가 회사 내 분위기나 커뮤니케이션 스타일을 가늠해볼 수 있다. 회사 밖에서 일하는 프리랜서에게 이러한 정보들은 업무 센스력을 더욱 발휘하게 한다. 특히 프로젝트 중간에 합류할 때는 지난 담당자가 남긴 페이퍼 워크에 더욱 의존하게 된다. 일을 시작하기에 앞서 나는 회사 측에 이전에 발행된 원고, 기획 및 구성안 등을 최대한 모아달라고 부탁하는데 이것들을 수십 번 읽으며 콘텐츠의 톤앤매너를 파악한다. 본격적인 업무 전에 종일 프로젝트 관련 문서만 노려보는 날도 있다.

지하철 노선도를 쥐고 목적지를 향해 가듯 일의 범위와 방향이 명료한 프로젝트도 있지만, 모래사막에 지도와 나침반 하나 없이 떨어진 듯한 상황도 펼쳐진다. 예를 들어 전달받은 문서의 파일명, 형식이 각기 다르고, '콘텐츠', '컨텐츠'처럼 한 단어가 페이지마다 다르게 표기된 경우다. 이러면 이전에 발행된 콘텐츠의 결 역시 들쭉날쭉할 수밖에 없다. 이때는 콘텐츠 제작에 앞서 플랫폼의 목적, 타깃 및 콘텐츠 제작 방향을 명확하게 설정해야 한다. 여기에 취재, 발행 일정을 비롯한 제작 전반의 프로세스까지 구축한 뒤 일을 시작한다. 누군가는 프리랜서가 과도하게 프로젝트에 개입한다고 생각할지도 모르겠다. 하지만 콘텐츠 방향이나 프로세스를 먼저 명확하게 설정하지 않으면, 담당자와 계속해서 미스커뮤니케이션이 일어날 테고 프리랜서는 무한히 반복되는 수정의 늪에 빠질 수밖에 없다. 결국엔 프리랜서를 보호하기 위한 단계이기도 하다.

최선을 다한 프로젝트일지라도 클라이언트사의 상황이나 결과에 따라 물러나야 할 때가 찾아온다. 이러한 순간 역시 프리랜서에게 인수인계를 준비할 시간은 주어지지 않는다. 애초에 인수인계가 필요 없는 정도의 일이 프리랜서에게 주어지는 편이지만, 그럼에도 나는 다른 담당자가 내일 당장 프로젝트를 이어갈 수 있을 만큼의 정돈된 프로세스, 형식을 추구한다. 프랑스 소설가

빅토르 위고는 "형식은 표면에 나타난 본질이다"라고 말했다. '누가 알아준다고', '대충 해도 모를 것 같은데'처럼 마음속에 스멀스멀 귀찮음이 찾아올 때마다 나는 위고의 말을 되뇐다.

궁극에 프리랜서는 자유로운 영혼의 창작자가 아니라 어떤 상황, 조직, 프로젝트에 놓여도 제 기량을 다하는 사람이다. 일을 얼마나 잘하느냐는 매우 작은 곳에서 드러난다. 레퍼런스 이미지의 파일명조차 정리하지 않은 채 메일 첨부파일로 한가득 보내는 사람과 콘셉트별로 이미지를 정리해 PPT 파일로 전달하는 사람의 실력이 과연 똑같을까? 클라이언트는 속일 수 있을지언정 자기 자신은 속일 수 없을 것이다. 한번 더 친절하게, 한번 더 꼼꼼하게, 한번 더 논리적으로 읽고 쓰고 정리하는 습관을 들여보자. 어느 곳에서든 일을 잘하는 사람은 한 끗이 다르다. 결국 그 한 끗은 군더더기 없는 형식에서 오는 게 아닐까?

유승헌

100명의 인터뷰이에게
배운 것들

지난 3년간 프리랜서 에디터로 일하며 매달 적게는 두세 명, 많게는 열 명에 가까운 인터뷰이를 만났다. 어림잡아 지금껏 100~200명의 인터뷰이를 만났던 것 같다. 인테리어 전문지에서는 건축가나 인테리어 디자이너, 주부지에서는 사업가나 교수, 패션지에서는 연예인과 아티스트와 주로 인터뷰했지만, 프리랜서 에디터인 지금은 인터뷰이의 스펙트럼이 매우 넓어졌다. 배우, 아이돌, 건축가, 큐레이터, 크리에이터 등 누구보다 민감하게 세상의 흐름을 읽고 자신만의 창작물을 내놓는 사람들과의 대화는 언제나 즐겁다. 업계가 주목하는 다양한 사람들과 인터뷰하면서 나는 크게 성장했다. 그들의 성공에는 분명한 이유가 있었다. 내뱉는 단어 하나에도 힘이 있었고, 진취적이고도 영민한 태도, 건강한 에너지로 삶을 이끌어가는 사람들이었다.

인터뷰이 단 한 사람에 대한 단상을 적긴 어렵지만, 그럼에도 기억에 남는 인터뷰이들을 요약해보고자 한다. 먼저 메일을 문자처럼 활용하는 사람들이다. 유튜버, 디자이너, CEO 등이 특히 이메일로 소통하는 것을 선호했고 마치 메신저처럼 빠르게 회신했다. 다른 매거진이나 플랫폼을 통해 나와 두세 차례 인터뷰했음에도 여전히 메일로 소통하는 인터뷰이도 있었다(그래서 나는 종종 인터뷰이의 개인 휴대전화번호도 모른 채 인터뷰 장소에 도착하기도 했다). 나의 메일에 즉각 회신하는 사람들을 통해 원활한 공적 커뮤니케이션이 무엇인지 배울 수 있었다.

메일만 주고받는 것이 불안하지 않느냐고? 되려 상대가 해외에 있더라도 언제나 빠르게 회신해줄 거란 확신이 든다. 또한 이러한 사람들은 인터뷰에 앞서 인터뷰 희망 장소나 시간, 참고할 만한 링크 또는 자료 사진 등 자신이 협조할 수 있는 부분을 언제나 명료하게 이야기해주었다. 덕분에 일정을 조율하느라 여러 차례 메일을 주고받아야 하는 수고나 이전 인터뷰에서 몇 번 물었던 것을 되묻는 군일을 줄일 수 있었다. 서로가 추구하는 바를 능률적으로, 또 빠르게 해결한 것이다.

두 번째로 소개할 인터뷰이 유형은 디테일이 좋은 사람들이다. 거장 화가의 붓끝, 칼각으로 완성되는 안무가의 춤선, 인테리어 디자이너의 공간 마감 처리, 카피라이터의 한 줄처럼 결과물의 한 끝이 다른 사람들을 만날 때마다 감탄이 피어나왔다. 이들은 전체를 살피면서도 무엇 하나 완성도를 놓치지 않았다. 마치 애니메이션 영화의 한 장면을 캡처했을 때 그마저 하나의 그림처럼 느껴지듯 말이다. 이들은 논리적으로 사고하는 것은 물론 수십, 수백 번의 반복 끝에 체화된 완성도를 자랑했다. 이러한 사람들과 인터뷰를 하고 집으로 돌아올 때면 바쁘다는 핑계로 일에 대한 열정과 몰입이 사라진 것은 아닌지 자문하게 된다. 또 여러 가지 일을 적당히 잘하는 제네럴리스트를 추구하던 나 자신을 반성한다. 그렇게 '낭중지추, 내 주머니에서 도드라진 부분은 무엇일지' 끊임없이 고민하게 된다.

세 번째는 특유의 에너지를 가진 사람들이다. 이건 무어라 딱히 꼽아 말하기 어려운 구석이 있다. 인터뷰가 끝난 뒤 엘리베이터까지 배웅하며 90도로 정중하게 건

네던 인터뷰이의 인사, 화보 촬영이 너무 떨려서 한숨도 못 잤다는 신인 아이돌의 총기 어린 눈빛, 1년에 6개월씩 여행을 떠나기 위해 하루 1만 원만 쓰는 부부가 사준 커피 한 잔까지 잊지 못할 순간이 꽤 많다. 그들은 각자 내면에서 건강한 에너지를 뿜어냈다. 때론 그 에너지가 단순히 일을 넘어 인생에서 내가 배워야 할 감정이나 에티튜드처럼 느껴지기도 했다. 이들의 인터뷰 원고를 쓰는 내내 나는 손끝이 아렸다. 아마 내게 진심으로 다가온 사람들의 에너지에 감동받았기 때문일 것이다. 그래서 이들의 진심을 조금이라도 정확하게 표현해줄 단어나 문장을 찾아 헤맸다.

우리 모두는 어느 날은 사람에게 상처받고, 또 다른 날은 사람에게 위로받으며 일하고 있지 않을까? 사람은 곧 사람에게서 배운다. 프리랜서를 하면서, 또 에디터나 인터뷰어로 일하며 나는 수많은 사람과 소통한다. 내향형 인간으로 쉬이 피로를 느끼지만 오늘도 내 마음 깊은 곳에서 타인을 향한 호기심이 넘실거린다. 아주 어린 아이에게든 백발의 거장에게든 배울 것투성이다. 이따금 이러한 깨우침을 기둥 삼아 인터뷰 원고를 써 내려간다. 때론 학문적이고 날카로운 질문보다 상대방의 말에 진심으로 공감하는 것이 좋은 인터뷰를 이끌어낸다. '주는 것 없이 배우기만 하는 인터뷰를 멈춰야 할 텐데' 고민도 해본다. 요즘 들어 에디터, 인터뷰어로서의 내공만큼이나 인간으로서 켜켜이 좋은 레이어를 쌓아야 하지 않을까 십분 체감하고 있다.

지금 하고 있는 일에서
배우기

　초등학생 때 내가 가장 좋아한 책은 『똥딴지 만화 명심보감』이다. 그럴듯한 이유는 떠오르지 않는데 책 속의 《논어》 삼인행(三人行) 구절을 달달 외우고 다녔던 기억이 난다. "세 사람이 함께 길을 가면 그중 반드시 내 스승이 있다. 나보다 좋은 사람은 따라 배우고, 나보다 못한 사람은 좋지 않은 점을 거울 삼아 나의 나쁜 점을 고쳐라." 어쩌면 어린 나는 무슨 뜻인지도 모른 채 구절을 달달 외우며 어른들에게 칭찬을 갈구했을지도 모른다.

　되려 이 문장은 성인이 된 이후 내 삶에 많은 순간 떠올라 지침으로 자리했다. 시기, 경쟁, 혐오가 난무하는 세상과 시끄러운 인간관계 속에서도 연꽃처럼 자신의 것들을 틔우는 사람들이 있었다. 그들의 말, 생각, 일에는 언제나 사랑이 흘러넘쳤고 나는 조금이라도 그 사람들을 닮아보고자 무척 애썼다. 또 주위 사람의 마음이나 공동 결과물에 생채기를 내는 사람들을 볼 때면 늘 그들처럼 살지 않겠다고 다짐하기도 했다.

프리랜서에게는 맹점이 하나 있다. 불필요하게 감정을 쏟아야 하는 조직 생활에서 멀어진 것은 좋으나 스승을 찾기 어렵기 때문이다. 특히 잡지사 에디터는 도제식으로 일을 배우기에 업무적으로나 인격적으로 선후배 사이의 결속과 팽창이 강하게 일어난다. 하지만 프리랜서 생활은 우주를 부유하는 점처럼 고요하기만 했다. 무언의 고요함이 좋다가도 '이렇게 고여 썩어가는 것은 아닐까?' 걱정이 앞설 때도 있었다. 피처 디렉터, 편집장을 꿈꾸는 사람들과 달리 뚜렷한 목표나 목적지도 없는 프리랜서에게 지속적인 성장과 배움은 쉽지 않았다. 인간적인 내면, 커리어 성장, 글 솜씨 등에 나는 고민이 늘 앞섰다. 특히 예체능을 전공하거나 관련 업계 종사자면 공감하겠지만, 창작을 기반으로 하는 일은 매우 더디게 성장의 모먼트를 맞이한다. 우상향 직선이 아닌 계단식 그래프처럼 긴 슬럼프나 정체기 끝에 실력 상승을 맞보는 것이다. 글 쓰는 일은 기준도, 정답도 명확하지 않아서 정체기가 더욱 길게 느껴지고 결국 버티는 게 답이다. 회사에 다닐 땐 동료들에게 고민을 털어놓고 선배나 편집장님께 조언을 구하며 견뎌냈다. 하지만 프리랜서가 된 후로는 나의 스승을 직접 찾아야 했다.

2022년부터 한 매거진에서 상업공간을 디자인하는 스튜디오, 디자이너에 대한 인터뷰를 연재하고 있다. 최근 기사를 매개로 이페메라를 디자인한 임태희 디자인 스튜디오 소장님을 만나 뵙게 되었다. 나는 바쁜 일정 사이에 잠시 여백이 필요할 때면 좋아하는 카페에 앉아 커피를 마시곤 했다. 특히 강남을 시작으로 성수동 일대에서 취재, 인터뷰 일정이 몰릴 때면 LCDC 내 카페 이페메라에 앉아 10분 남짓한 시간에 다음 일정을 준비하며 숨을 골랐다. 이유는 알 수 없으나 그곳에 들어설 때면 따뜻한 기운이 감돌았다. 마치 공간이 내게 "괜찮다"고 말해주는 것처럼. 이페메라는 서울에서 내가 사랑하는 유일한 아지트였다.

스튜디오에 들어서기 전부터 팬심에 어찌나 마음이 설레던지. 소장님은 다양한 프로젝트를 소개하며 자신의 디자인 철학에 대해 들려주었다. 이페메라는 패션, 디자인 트렌드가 서울 그 어느 곳보다 빠르게 흡수되고 사라지는 성수동에서 '반(反) 트렌드'를 지향하는 곳이라고 한다. 아마 나는 이페메라가 휘몰아치는 시간과 흐름에 제동을 거는 공간이기에 그곳에서 평온을 찾았던 것 같다. 소장님은 급변하는 디자인 트렌드에 민첩하게 대응하고 새로운 것을 제시하는 대신 공간에 머무는 사람들의 감정과 관계를 설계하는 데 집중해왔다고 했다. 그러면서 스튜디오가 하고 싶은 디자인은 "미완성, 불균형, 비균질"에 가깝다며, "미완성의 공간을 목표로 하기보다 '어떻게 시간을 보낼 것인가?'를 생각하다 보니 결과물의 압도감, 멋짐에는 집중하지 않게 되는 것 같다"고 덧붙였다.

소장님의 말씀은 인터뷰 후 며칠이 지나고도 머릿속을 떠나지 않았다. 삼인행 속 앞서가는 사람을 만났다고 느꼈기 때문이다. 종종 송고한 원고나 오래 전에 인쇄한 원고를 다시 들춰 볼 때가 있다. 기자 초년생 시절엔 선배가 종이 한가득 빨간펜으로 수정해놓은 원고를 읽고 또 읽었다. 주어, 목적어, 서술어의 위치가 딱 맞는 깔끔한 문장도 그렇지만, 주장과 근거가 명확하게 드러나지 않는 나의 글을 읽을 때면 아쉬움이 앞선다. 소장님과의 인터뷰 후 구조가 명확한 글, 비문 없는 글을 쓰는 것보다 중요한 일은 사람들에게 생각할 여지, 잠깐의 쉴 틈을 만들어주는 것이 아닐까 하는 생각이 들었다. 메일함을 열어 송고한 원고를 내려받아 읽다 보면 정보가 빽빽하게 늘어선 문장 앞에 한없이 작아졌다.

좋은 글은 잘 다듬어진 문장이나 구성을 넘어 진심과 노력의 흔적이 역력한 메시지에서 나온다. 과거의 내 글이든 내가 지금 쓰고 있는 글이든 분명 배울 것이 가득하다. 어쩌면 내가 만드는 작업물이 나를 가르치는 스승이 될 수도 있을 듯하다.

유승현

내성적인 프리랜서의
영업

"선배도 편집장님께 인사 한번 하고 가." 매달 칼럼을 부탁하던 친한 후배가 통화 말미에 이런 말을 덧붙였다. 다른 프리랜서는 마감 중에 커피나 디저트를 사들고 인사차 편집장을 찾는다던데 나는 제주에 산다는 걸 핑계 삼아 한 번도 가지 않았다. 이러곤 서울에서 촬영이 필요한 칼럼들을 척척 해내고 있으니 후배의 제안은 틀린 면이 없지 않다.

나는 무척 내성적이다. 기자생활을 하는 내내 인터뷰가 잡힌 날이면 밥알이 목구멍으로 넘어가지 않았고, 인터뷰가 끝나고 집에 돌아오면 기운이 없어 드러누운 채 텅 빈 천장만 바라보곤 했다. 사회성을 길렀을 뿐 내성격은 지금도 크게 달라지지 않았다. 낯선 사람과의 티타임이나 식사는 여전히 불편하고, 일면식 없는 사람들과의 작업은 언제나 피곤하다. 나는 사람들과 일하며 에너지를 잃었다가 집에 돌아와 충전하는 일상을 반복한다. 프리랜서 중에는 자신의 일을 끊임없이 홍보하고 사람들을 만나 업계 동향을 적극적으로 살피는 사람이 많다. 내향적인 나는 다시 태어나지 않는 한 그들의 진취적인 성격을 따라갈 길이 없다. 그렇다면 나와 같은 내향형 프리랜서는 어떻게 자신을 알려야 할까?

필요에 따라 SNS 계정을 몇십 개씩 만드는 세상에 살고 있지만 나는 그 흔한 포트폴리오 SNS 계정 하나 없다. 더 정확히는 SNS에 쓰는 시간이 현저히 낮다. 영화나 책, 웹진처럼 정제된 콘텐츠를 주로 소비하는 편인데다가, 킬링타임에는 요새 관심 있는 발레와 축구, 재테크 관련 영상을 보기 바쁘다. 궁극에 내가 소비자로 재미를 느끼는 플랫폼에 생산자가 되기 마련이니까. 하루 중 인스타그램에 접속하는 시간은 15~30분 내외다. 나처럼 SNS에 피로감을 느끼는 클라이언트도 분명 있으리라 생각한다.

나는 일상적인 SNS 대신 커리어 기반의 SNS인 '링크드인'을 사용한다. 커리어 중심의 프로필과 피드를 통해 사람들과 소통하는 플랫폼으로 국내보다는 미국, 유럽 사용자가 월등히 많다. 국내 사용자 중에는 헤드헌터 비중이 압도적이다. 링크드인에서 '한국', '프리랜서', '작가', '에디터' 등의 검색어를 입력하면 조건에 해당하는 사용자를 추천해준다. 실제로 이곳을 통해 국내외 기업에서 작업 의뢰를 몇 번 받기도 했는데, 계약 조건이 나와 맞지 않아 끝내 불발되었다. 그럼에도 링크드인을 추천하는 이유는 커리어 기반의 플랫폼이다 보니 나에게 주어진 일과 마감 기한, 그에 따른 보상 등에 대해 확실히 커뮤니케이션을 할 수 있기 때문이다. 또한 링크드인의 프로필을 주기적으로 업데이트하여 새로운 작업, 계약에 앞서 이력서 대신 제출할 수도 있다. 나 같은 경우에는 자기소개서를 대체할 포트폴리오로 그간 진행한 화보, 인터뷰, 칼럼을 비롯해 브랜드 플랫폼 운영이나 단행본 제작 등의 이력을 파일로 정리해 휴대폰, 클라우드 서버에 늘 넣어 다닌다. 통장 사본, 신분증 사본, 포트폴리오 이 세 가지는 프리랜서에게 삼위일체 같은 존재랄까. 언제든 상대가 원할 때 바로 보내줄 수 있도록 준비한다.

나는 링크드인 프로필 정리 말고는 새로운 클라이언

트를 위한 홍보는 특별히 하고 있지 않다. 누군가에겐 매우 배부른 소리로 들리겠지만 나는 주어진 일에 최선을 다하는 것이 영업이라 늘 생각한다. 피드백이 빠르고, 마감을 잘 지키며 만족할 만한 결과물을 내는 일. 정공법 같은 이 일을 반복하다 보니 나의 클라이언트가 다른 클라이언트에게 나를 추천해주는 상황이 이어졌다. 그리고 아직은 내가 너무 부족한 터라 주어진 시간에 내 일들을 해내기에도 시간이 빠듯하다.

되돌아보면 프리랜서가 되고 나서 나의 첫 클라이언트는 전 직장에서 내가 쓴 기사를 본 누군가였다. 진정성 있는 글은 때론 그 어떤 포트폴리오보다 강력하다. 되도록 오래 생각하고 빠르게 쓰려고 한다. 화려한 수식의 문장보다 공감을 불러일으키는 간단한 문장이 더 강력한 법이다. 내성적인 성향이라서, 또 고지식한 사고방식을 지녔다고 해서 프리랜서로 성공하지 않을 이유가 없다. 세상엔 다양한 사람이 있고, 당신이 만날 클라이언트 역시 그만큼 폭넓을 테니까.

유승현

거절 대신
연대를

종종 규모가 크거나 일정이 빠듯해서 혼자 감당하기 어려운 의뢰가 들어오곤 한다. 예를 들면 시리즈 영상 제작이나 연간 단위의 콘텐츠 메이킹 프로젝트다. 회사에 소속된 채 내가 감당할 수 있는 범위와 책임만큼만 일하던 나는 전체를 아우르거나 여러 가지 프로젝트를 동시에 해낼 능력이나 경험이 절대적으로 부족했다. 그래서 프리랜서 초창기에는 제안 메일에 끙끙거리며 뭉그적거리고는 했다. 또는 프로젝트의 단위를 쪼개서 작은 부분만 담당할 순 없는지 묻기도 했다. 미숙한 답변의 연속이었다. 그렇다고 언제까지 나의 스케줄, 규모를 이해해줄 클라이언트하고만 일할 수도 없는 노릇이다. 나는 빠르게 성장해야 했고 그만큼 빠르게 결단해야 했다. 무엇보다 나의 부족함을 이유로 좋은 제안을 거절하는 어리석음만큼은 하루빨리 고쳐야 했다. 상대에게 나의 밑천이 굉장히 얕고 좁다는 것을 광고하는 것과 다르지 않으니 말이다.

　프리랜서에게 가장 어려운 숙제는 거절이다. 회사에 다닐 땐 직접 거절할 만한 상황이 크게 벌어지지 않았다. 내가 잘하는 것과 진행 중인 업무의 양을 고려해 상사가 업무 분장을 했으므로 그저 주어진 것을 열심히 해내면 됐다. 되돌아보면 일견 씁쓸한 마음도 든다. 누군가 나의 한계, 임계점을 이미 파악하고 있다는 뜻이니까. 하지만 프리랜서는 스스로 업무 분장을 하고 스케줄을 관리해야 하기 때문에 불가피하게 직접 거절하는 상황이 생긴다. 거절 메일을 보낼 때면 '한 번의 거절로 영영 해당 클라이언트와 일하기 어려워지지 않을까?', '하고 싶은 일만 골라서 하는 사람으로 비치면 어쩌지?' 하고 오만 가지 생각이 머릿속을 스친다. 결국 '이번에도 거절 메일을 보내는 건 어렵겠다'는 생각이 든다. 그렇다고 무작정 모든 일을 수락해 일정에 차질을 빚을 수도 없는 노릇이다. 결국 내가 찾은 답은 거절 대신 연대였다. '제가 이번엔 너무 바빠서 진행하기 어렵겠습니다'

유승현

라고 거절의 회신을 보내는 대신 주위 프리랜서와 일을 나누는 데에서 답을 찾은 것이다.

나에게 들어오는 일은 크게 두 가지로 분류된다.

1. 에세이, 카피라이팅, 비평 등 개별 프로젝트
2. 월간, 연간 단위의 영상이나 콘텐츠 시리즈 제작

1번 작업의 경우, 클라이언트가 나를 선택한 이유가 디테일하기 때문에 타인과 일을 나눌 수 없다. 즉 나만의 문체, 시선 등을 밀도 있게 추구해야 하는 작업이기에 마감 일정을 조율할 수 있다면 수락한다. 2번 작업의 경우에는 클라이언트가 단어, 문장, 장면 하나하나에 의미를 부여하기보다 나와의 커뮤니케이션이나 전체적인 완성도를 고려해 의뢰한 일이다. 따라서 주위 프리랜서들과 일을 나누고 내가 전체를 감수하는 방식으로 클라이언트와 조율한다.

이따금 주위 선후배 프리랜서에게 일을 모두 나눠서 큰 소득 없이 디렉팅만 보는 상황도 일어난다. 누군가는 대가 없이 하는 일이라 어리석다 말할지도 모르겠다. 하지만 이렇게 해서라도 2번 작업을 놓지 않는 이유는 분명하다. 클라이언트와 관계를 꾸준히 유지하는 것만큼이나 프리랜서에게 중요한 건 고정적인 일이다. 월간, 연간 단위의 프로젝트를 통해 꾸준히 일하는 동시에 재정적 안정성 또한 다져야 한다. 프리랜서에겐 1,500만 원짜리 계약보다 월 100만 원의 고정수익이 안정감을 준다. 심리적으로나 물질적으로 안정적일 때 좋은 글과 콘텐츠를 만들어낼 수 있다고 믿는다. 또한 2번 같은 경우에는 브랜드 메시지를 소구하기 위한 작업이 대부분이다. 월간, 연간 단위의 콘텐츠 시리즈 제작에 고정비용을 지불한다는 것에서부터 브랜드 관련 작업일 확률이 높고, 이전과 달리 최근에는 커머셜, 브랜드 콘텐츠에 대한 반응이 좋은 편이다. 판매나 홍보 목적이 분명하더라도 퀄리티가 좋은 콘텐츠라면 대중은 기쁜 마음으로 소비한다. 이미 안정적으로 운영 중인 플랫폼에 콘텐츠를 업로드할 수 있다는 점도 큰 이점으로 작용한다. 프리랜서로서 시장과 대중에게 존재감을 드러낼 수 있어서다.

　아티스트와 프리랜서는 분명 다른 존재다. 프리랜서는 언제나 뒤에 클라이언트가 존재하고 일의 목적이 분명하다. 따라서 사업자 등록증을 발급하지 않았더라도 마음만큼은 사업가로 임해야 한다. 흔히 사업가는 주는 사람, 즉 '기버'(giver)여야 한다고 말한다. 단순히 눈앞의 이익만 추구하기보다 씨앗을 뿌리는 마음으로 여러 일들에 도전하길 추천한다. 사심 없이 뿌리고 해낸 일들이 훗날 어떤 기회로 돌아올지는 아무도 모른다.

내가 번 돈은
내가 지킨다

어느 달엔가 여덟 개의 매거진과 세 개의 브랜드 작업에 참여했다. 매거진 한 곳당 한두 칼럼, 브랜드마다 두 개의 콘텐츠를 제작했다 치더라도 어마어마한 양의 업무를 처리한 것이다. 잡지 마감이 끝나고 나면 보통 반나절에서 하루 정도 휴식을 가졌다가 다시 브랜드의 온라인 콘텐츠 제작에 돌입한다. 이렇게 바삐 한 달을 살다 보면 어느새 고료 지급일이 다가온다.

회사마다 정산일이 다르고, 여러 매체의 고료가 한 회사로부터 입금되는 경우도 잦기 때문에 은행 앱 알림이 울릴 때마다 지급액을 정확히 확인한다. 나는 엑셀에 매달 의뢰받은 일과 고료를 정리해두고 구글 시트로 연동해 언제 어디서든 확인할 수 있게 해두었다. 종종 페이지나 글자 수 단위로 고료를 책정하고 정확한 지급액을 일러주지 않는 클라이언트와 일할 때가 있다. 이럴 땐 정산된 금액에서 원천징수액 3.3%를 떼기 전 금액을 계산하고 페이지 수로 다시 나누어 정확한 고료를 체크해둔다. 이렇게 해놓으면 다음번 의뢰가 들어왔을 때 작업의 규모나 기한에 따라 견적을 쉽게 제시할 수 있다.

어쩌면 프리랜서의 일은 고료가 입금되는 순간 진짜 끝나는 것 같다. 감사하게도 나는 아직 고료를 떼인 적이 없으나 회사 자금 문제로 고료를 떼인 선후배 프리랜서들의 흉흉한 이야기를 들을 때면 정신 바짝 차려야겠다고 다짐한다. 업계에서 손꼽힐 만큼 큰 출판사에서 사내 회계 문제로 두세 달가량 고료 지급을 미룬 적이 있는데, 혹시 내가 입금 알림을 놓친 건 아닌지 노파심에 매일 은행 앱에 접속했던 기억이 난다. 매우 작은 규모의 잡지사에서 첫 사회생활을 시작하고 이틀 정도 월급이 밀렸던 기억이 맞물렸다. 당시 회사에 자금줄이 막혀 총무 담당자가 광고주들에게 밀린 광고비를 정산해달라고 전화를 돌리던 모습까지 또렷하게 떠올랐다.

나는 대표이자 직원 그리고 매우 작은 규모의 회사다. 회사를 건강하게 운영하려면 받아야 할 돈과 처리해야 할 비용, 내야 할 세금에 관해 1원 단위까지 정확히 알아야 한다. 큰돈을 버는 것만큼이나 내가 버는 돈의 흐름을 아는 일이 중요하다. 프리랜서를 비롯한 모든 사업소득자는 장부 기록의 의무를 갖는다. 프리랜서로서 첫해를 보내고 다음 해 5월 종합소득세를 신고하면 이 모든 것의 중요성을 깨닫게 된다. 회사에 다닐 때는 모든 것이 공제된 채 월급을 받았기에, 또 근로자였기에 몰랐던 것이 너무나 많다. 프리랜서가 되면 종합소득세, 지방세처럼 큰 지출에 대비해야 하고 직장 생활 때보다 곱절로 늘어난 건강보험료, 국민연금을 매달 챙겨야 한다. 나 같은 경우에는 여기에 제주와 서울을 오가는 비행기표 값과 호텔 숙박비로 한 달에 적게는 50만 원에서 많게는 100만 원의 추가 비용이 든다. 소득이 커지면 자연히 세무사의 도움을 받게 되지만 그럼에도 이렇듯 고정으로 지출되는 비용에 대해서는 미리 알고 있으려고 노력해야 한다.

세금이나 지출비용 이외에 저축도 매우 중요하다. 알다시피 프리랜서의 소득은 매달 들쭉날쭉하다. 프리랜서로 일하며 또래보다 많은 돈을 벌게 되었지만 나 역시 매달 소득 차이가 크다. 일이 많고 정산이 빠른 달에는 적은 달의 두 배만큼 금액이 정산되기도 한다. 반대로 생각하면 일이 줄어든 달에는 내가 예상한 것의 반에 반까지도 소득이 줄 수 있다는 이야기다. 하지만 1년 단위로 책정되는 건강보험료, 국민연금을 그대로 지불해야 하며, 휴대폰 요금, 식비, 적금처럼 고정지출 역시 줄어들지 않을 것이다. 이때를 대비해 나는 3개월치 고정지출 금액을 저축해둔다. 내일 당장 일이 줄어든다 해도 3개월은 버틸 수 있도록. 그래야 내가 사랑하는 프리랜서 생활을 더 오래할 수 있을 거라 막연히 기대해본다.

각종 세금과 제반 비용, 여분 자금 등을 계산했을 때 프리랜서는 일반 직장인보다 30~40%는 더 벌어야 본전이라는 말이 있다. 십분 수긍한다. 회사가 건강하게 굴러가기 위해서는 탄탄한 자본력은 필수다. 당장 큰돈을 정산받았을지라도 여러 항목으로 나누어 관리해야 한다. 프리랜서를 막 시작했을 무렵 사고 싶던 유럽 디자이너의 의자나 조명을 나는 여전히 살까 말까 머뭇거리고 있다. 좋은 물건을 곁에 두고 느끼는 뿌듯함보다 내가 사랑하는 일을 오래도록 하고 싶은 마음이 아직은 더 크다.

돈, 돈, 돈
그게 뭐라고

노트북을 켠다. 워드 창을 연다. 커서가 깜빡인다. 그걸 5분째 노려보고 있다. '내가 이 일을 왜 한다고 했을까? 쓸 말도 없는데, 누군가 내가 쓰는 글을 보긴 할까? 잠이나 자고 싶다. 아, 오늘 토트넘 경기인가? 스포티비 켜고 싶다. 이 원고 빨리 쓰고 A잡지 인터뷰 원고 써야 하는데' 같은 잡념이 머릿속을 채운다.

분명 프로젝트 의뢰를 받았을 때 참 행복했는데, 원고 마감날만 되면 일을 수락한 나 자신에게 원망을 쏘아붙인다. 글쎄, 처음 일을 의뢰받았을 땐 왜 즐거웠을까? 일이 끊기면 직업이 사라지는 것이 프리랜서의 숙명이라서? 꼭 일해보고 싶던 브랜드, 잡지의 청탁이라서? 뭐, 모두 틀린 이야기는 아니다. 다만 즐거웠던 이유는 대체로 돈이다. 하지만 돈을 벌 수 있다는 기쁨은 잠시뿐이고, 결국 마감날에 나는 그 돈에 상응하는 원고를 제공해야 한다. 잠을 줄이고, 책상 앞에 앉아 배달 음식이나 냉동식품을 입에 욱여넣는 한이 있더라도.

직장 생활을 하는 동안 나는 내일이 없는 사람처럼 살았다. 여름과 겨울이면 일주일씩 긴 여행을 떠났고, 주말이면 서핑을 하러 강원도에 가거나 술을 마셨다. 퇴근 후에는 일주일에 두세 번 요가를 다녔고, 뒤늦게 고등학교에 입학한 어머니의 학비도 대고 있었다. 노동 시간 대비 나의 월급은 턱없이 적었고, 5년 차 잡지 에디터 월급으론 참 빠듯한 살림이었다. 오늘을 허덕거리며 사는데 내일이 무슨 소용이 있을까. 그때는 저축이란 이름으로 나의 행복을 내일로 지연할 생각 따윈 전혀 없었다. 그래서 번아웃 직전이면 닥치는 대로 돈을 썼다. 오늘 돈을 쓰지 않으면 누군가 내게 큰 벌을 주는 것처럼. 그저 찰나의 쾌락으로 나를 위로했다. 그리고 그 쾌락은 모두 그렇듯 매우 빠르게 휘발되는 감정이었다.

프리랜서를 시작하고 감사하게도 몇 년째 일이 끊이지 않는다. 월급에 곱절을 버는 달이 늘면서 이 행복을 좀 더 오래 유지하고 싶어졌다. 적금을 여러 개 가입했고 비상금도 저축하기 시작했다. 재테크라고 말하긴 거창하지만 경제 시황부터 돈이 지닌 속성, 돈을 관리하는 자세 등을 책으로 탐닉하며 나름의 '돈 공부'도 시작했다.

　돈은 꽤 노골적이고도 귀한 존재인 것 같다. 나의 글 노동, 지식과 맞바꾼 것이기에 더 귀하다. 회사에 다닐 때 나는 돈을 속물적인 것이라 생각했다. 세상에는 돈보다 귀하고 섬세한 감정, 진심이 존재한다고. 여전히 일부분 동의한다. 다만 돈을 그저 속물적인 것이라 말하기에는 돈에는 누군가의 땀, 마음, 감정 등이 녹아 있다. 잘되는 브랜드, 핫플레이스만 보아도 그렇다. 긴 줄 끝에 서서 차례를 기다리면서까지 돈을 쓰고 싶은 소비자의 마음은 얼마나 클까?

　매달 차근히 돈을 모으며 생각한다. 어쩌면 오늘 쓰고도 남을 만큼 벌게 되었기에 내일을 고민하는 것일 수도 있겠다. 하지만 만족, 행복을 지연시킬 줄 아는 것이야말로 어른의 자세가 아닐까? 소득이 커질수록 어른의 세계로 빠르게 진입한다. 고료가 높아질수록 일에 대한 생각, 책임도 커져간다. 지난 3년 사이 나는 세금 문제에 빠삭해졌고, 소비는 단출해졌으며, 거시적으로 세상을 보기 시작했다. 동시에 신기하게도 화가 많이 줄었다. 무례한 클라이언트와 작업할 때나 일이 너무 바빠 2~3시간 겨우 잠을 청하는 날이면, '돈 버는 게 어디 쉽나'라며 스스로를 다독인다. 마치 내게 주어진 마시멜로를 참을 줄 아는 것처럼. 혹시라도 일을 쉬게 될 순간이나 사랑하는 사람과 가족에게 힘이 필요한 순간에 내 노력, 시간, 인내를 기꺼이 쓰고 싶다.

생계는 숭고한 일이다. 돈에는 나의 숭고한 노력이 묻어 있다. 직장 생활을 할 때는 왜 이 사실을 알아채지 못했을까? 어쩌면 직장 상사나 오너가 내 노력을 가벼이 여겼을 수도 있고, 작디작은 월급에 내 노력을 스스로 폄하했을 수도 있다. 하지만 이제는 단 돈 100원도 귀하게 느껴진다. 스무 살 무렵 첫 아르바이트 월급을 타던 날, 부모님의 지난 노고가 크게 느껴졌던 때처럼 말이다. 나의 기사, 콘텐츠를 도와주기 위해 함께 일하는 포토그래퍼, 스타일리스트, 디자이너들에게도 조금 더 챙겨주고 싶어 안달이 난다. 나의 수고가 귀하듯, 남의 땀도 참 귀하다. 오랜만에 만난 후배가 사주는 커피 한 잔에도 마음속에서 고마움이 크게 일어난다. 나에겐 트렌디한 아이템을 선물하고 핫플레이스에서 밥을 사주며 미팅하는 사람만 특별하지 않다. 그저 마음을 쓰고 시간을 쓰며 차 한잔 내어주는 사람에게서 큰 힘을 얻어 한 걸음 나아간다.

　돈에 대한 생각이 길었다. 역시 원고 마감을 하루 앞둔 밤이면 별의별 생각이 머릿속을 메운다. 얼른 워드 창을 열어 제값 하는 프리랜서가 되어야지. 아, 돈, 돈이 뭐라고.

예쁜 것도
한철이라서

잡지 에디터는 본능적으로 예쁜 것을 좋아하는 사람들이다. 한 달에 수백, 수천 개씩 전 세계에서 쏟아지는 물건 속에서 흐름을 읽어내고 기사 쓰는 일을 반복한다. 유명인과의 인터뷰나 특정 분야의 크리틱 칼럼을 쓰는 피처 에디터로 일하면서 나는 함께 일했던 뷰티 에디터, 패션 에디터에 비하면 미감이나 취향에 둔감했다. 그럼에도 일반 친구들에 비해 예쁜 것을 좋아하고 수집 욕구가 강했다.

특히나 라이프 스타일, 디자인, 건축 분야 기사를 전문적으로 다뤘기에 나는 가구, 조명, 소품 등에 관해선 준전문가라 할 정도로 좋은 것들을 잘 골라냈다. 디자인의 쓰임과 이유가 분명하고, 내구성 좋은 소재로 매무새가 단정한 물건을 보았을 때 상당한 희열을 느꼈다. 입술에 닿는 감촉이 섬세하고 전체적인 밸런스가 완벽한 와인잔, 앉았을 때 엉덩이부터 허리까지 단단하게 지지해주는 의자, 움직일 때마다 은은한 향기가 묻어나는 바디워시 같은 것들이 그렇다. 그런 물건을 실제 사용해보는 것도 중요한 경험이라 여기며 나는 꽤 많은 물건을 수집했다. 그중 화병을 참 좋아했는데, 특히 유행을 타지 않는 디자인의 이딸라의 알바알토 화병은 나에게 주는 선물이라며 높이별, 색깔별로 구입했다. 건축가가 만든 가장 작은 단위의 인공물에 자연물인 꽃을 담는다는 사실이 나를 감동하게 했다.

예쁜 것도 한철이라서 시즌마다 새로운 소재, 디자인이 빠르게 등장해 유행의 흐름을 이끌었다. 잡지사 에디터라서 나는 신제품이나 브랜드 론칭 행사에 자주 초대돼 누구보다 빠르게 그것들을 살필 수 있다. 예쁜 것을 탐닉하는 사람에게 이보다 완벽한 천직은 없다고 생각했다. 좋은 물건을 소개하거나 비평하는 칼럼을 쓰면서 찬찬히 뜯어 보고 조합된 전체 형태에 감탄하는 일을 반복했다. 당연히 좋은 디자인에 쉽게 유혹되어 내 지갑은 점점 얇아져갔다. 여기에 새로 생긴 카페, 레스토랑,

편집숍은 또 어떻고. 산업을 이끄는 디자이너, 건축가가 설계한 공간에서 마시는 커피 한 모금, 파스타 한 입에 큰 만족을 느꼈다. 예약하기 어려운 레스토랑을 취재하며 미식에 눈을 떴고, 새로 생긴 빈티지 가구 편집숍을 소개하며 훗날 살고 싶은 집의 모습을 상상했다. 그렇게 나는 트렌디한 공간을 누구보다 빠르게 섭렵해갔다.

하지만 프리랜서가 된 이후 물욕이 크게 사그라들었다. 물건 가격만큼이나 비싼 배송비를 물어야 하는 제주에 살면서 반강제 미니멀리스트가 된 탓도 있으나, 물건에 대한 호기심 자체가 크게 줄었다. 좋은 가전제품이나 의자 홍보를 위해 촬영하는 날에도 예전만큼 감흥이 강하게 일지 않았다. 물건 수집에서 오는 인풋 너머의 무언가가 필요한 시점이 찾아온 것이다. 물론 소비, 수집, 직접적인 사용이 주는 큰 이점을 안다. 백날 모니터로 건축가의 의자를 들여다보는 것보다 단 2~3분이라도 앉아보는 것이 머릿속에 강렬하게 남는다. 몸으로 쌓은 경험은 본능, 육감으로 귀결되니 말이다.

하지만 소비라는 경험보다는 밀도 있는 전문성이 필요하다고 느꼈고, 내가 소개하는 제품의 디자인, 기술력이 왜 좋은지 더욱 쉽고 확정적인 말로 적어보고 싶었다. 예를 들어 건축, 디자인 기사를 쓸 때면 직관적인 아름다움에 대한 예찬보다 그 속에 담긴 철학, 대중의 라이프 스타일, 시대상 같은 것들을 파악하고 싶어 논문을 뒤적였고 해외 여러 매체 홈페이지를 오가며 다양한 정보를 섭렵했다. 그것이 곧 무수히 많은 프리랜서 속에서 나를 경쟁력 있게 만들어줄 것이라는 확신도 들었다. 나는 쉽게 교체 가능한 무엇이 되고 싶지 않았다. 트렌드를 초월한 진정성 있는 기사를 쓰고 싶었다.

에디터 일을 하면서 본능적으로 예쁜 것을 아는 사람을 꽤 많이 만났다. 컬렉터, 큐레이터, 디자이너, 건축가 등 직업이 다양했는데, 이들과 대화하며 많은 것을 배웠다. 하지만 내가 이들만큼 몰입할 수 없다면 아무리 수집한다 한들 얻을 수 있는 지식은 매우 얕을 뿐이다. 본질을 잊지 말자. 나의 일은 궁극에 글로써 표현할 때 완성된다. 좋은 글은 화려한 문장이 아니라 단어 하나하나에 깊은 의미를 담아낸 것이다. 좋은 디자인을 소개하기 위해서는 사회적, 역사적, 기술적 맥락을 모두 아울러야 한다. '그냥 좋아'라고 뭉뚱그려 표현할 수는 없다.

방망이를 깎는 노인처럼 오늘도 디자인 책을 펼쳐든다. 멤피스 디자인의 재기발랄함과 혁명적인 태도에 감

유승현

동한다. 언젠가 미켈레 데 루키의 '퍼스트 체어'에 앉아보고 싶단 생각이 들었다. 은하계를 연상시키는 형태에 안락함의 기능을 어떻게 구현했을지 궁금해졌기 때문이다. 하지만 본질을 잊지 말자. 결국 그 경험 또한 디자이너의 철학, 새로운 아이디어를 정확한 문장으로 소개하기 위함이다. 형태, 비례, 구조, 입체 등등 종이 한가득 펜으로 단어들을 나열해본다. 이 중 어떤 단어가 디자이너의 철학을 가장 명징하게 드러낼까?

프리랜서의
청소 단상

3년 전 퇴사 후에 내가 가장 먼저 했던 일은 밀린 잠을 자는 것이었다. 번아웃과 야근으로 잠들지 못했던 시간들이 사채업자처럼 쫓아와서 신생아처럼 먹고 자기를 며칠 반복했다. 친구들은 회사 독을 빼내려면 꼭 필요한 시간이라며 디톡스 수면을 가벼이 여기지 말라고 농담을 건네기도 했다. 몇 주간의 긴 잠 끝에 깨어난 나는 그제야 널브러진 집이 눈에 들어왔다.

회사 생활을 하는 내내 크고 작은 일들이 겹쳐 우울한 감정이 일상의 저변에 깔려 있었다. 작은 일에도 의욕적으로 달려들기보다 한 발 물러서서 실현 가능성을 고민했다. 나의 청소가 멈춘 것도 그즈음인 듯하다. 휴지통을 겨우 비워내고 평소 동선에 따라 청소기를 돌리는 것이 전부. 그마저도 산속에 길을 내듯 꼭 필요한 동선만 정리했다. 의자 위로는 옷가지가, 책상과 테이블, 침대 옆으로는 책, 화장품 등의 자질구레한 물건이 무성한 풀처럼 자라났다. 움직이는 방향과 공간을 제외하곤 모두 정체된 공기로 가득했다. 동침에서 깨어난 곰, 아니 나는 번잡한 집 안이 내 머릿속처럼 느껴졌다. 창문을 열었고 청소를 시작했다.

하지만 프리랜서가 된 이후로 일이 바빠지면서 회사에 다닐 때보다 지저분한 집을 마주하는 날이 잦다. 그럼에도 나아진 점은 지저분한 서재와 거실, 주방을 외면하지 않는다는 것. 큰 프로젝트나 월간지 마감이 끝나는 날엔 어김없이 집 안을 청소한다. 화장실 바닥을 벅벅 닦아낼 때의 쾌감이란. 밀린 원고를 끝낸 새벽녘에도 싱크대에 쌓인 그릇들을 지나치지 못하고 설거지한다. 수전에서 시원하게 쏟아지는 물줄기에 원고를 쓰느라 복잡했던 생각들도 씻겨 내려가는 기분이 든다.

이따금 아침에 흐트러진 이불을 정돈하고 바닥에 떨어진 머리칼을 주우며 '청소는 노동일까, 수련일까?' 궁금증이 인다. 매일 쓸고 닦아도 금세 너저분해지는 방 안을 보면 청소라는 '노동'이 참 무가치하게 느껴지곤 해서다. 이놈의 청소라는 노동은 도통 티가 나질 않는다. 일은 성과나 보상, 평가라도 뒤따르지, 청소는 안 하면 너저분한 내 생활이 드러나고 잘해야 '중간'이다.

청소라는 행위를 더 깊게 파고들고 싶어 기사를 쓰기도 여러 번이었다. 정리 컨설턴트와의 인터뷰를 기획해 보기도, 흡입력 좋은 청소기를 소개하기도 했다. 세정력 좋은 세제는 이루 말할 것도 없고. 그러던 중 임성민 작가의 『청소 끝에 철학』이란 책을 읽게 되었다. 작가는 청소를 "사회생활을 하느라 평소 챙기지 못했던 나의 공간, 내 가족의 공간을 보살폈다는 기쁨"이자 "기력을 북돋우고 활기를 되찾아준다"*고 말한다. 하지만 그 너머의 가장 큰 의미는 이렇게 언급했다. "청소를 할 때야 비로소 보이는 먼지와 쓰레기들은 존재를 느끼게 해준다. 생물의 분비물이 살아 있다는 증거이듯 공간에서 나오는 쓰레기는 생활의 증거이다. 치워도 또 나오고, 다시 치워도 계속 나오는 쓰레기 자체가 그 공간에 '생활이 있음'을 증명하는 것이다. 더 이상 치울 것이 없다거나 치우지 않아도 되는 상황은 생명의 중지를 뜻한다."**

---

* 임성민(2018), 『청소 끝에 철학』(웨일북), 5쪽.
** 위의 책, 6~7쪽.

유승현

프리랜서가 된 후 매일 아침 지하철을 타지 않게 되었다. 그 대신 이른 새벽부터 컴퓨터 앞으로 출근해 일할 때도 있고, 종일 출퇴근 없는 집무실에 갇혀 하루를 보내기도 한다. 몇 년 전만 해도 상상하기 어려웠고, 회사 밖을 나오는 순간 나의 생활과 나의 세계가 멈출 것이라 예상했다. 하지만 세상은 너무나도 평온하게 흘러가고 나는 또 한번 집을 어지르며 삶을 이어간다. 되려 회사보다 더 복잡하고 친근한 나의 세계에 갇혀 하루를 보낸다. 청소가 너무 하기 싫은 날은 '수신제가치국평천하'(修身齊家治國平天下, 먼저 자기 자신을 닦고 집안을 정돈한 다음 나라를 다스리고 천하를 평안하게 한다)를 외치며 청소기를 부여잡는다.

옛 불교의 승려들은 제자에게 몇 년간 아무것도 가르치지 않고 청소만 시켰다고 한다. 수행은 내면의 먼지를 털고 쓸고 닦아내는 과정이고 청소는 유형의 공간을 정리하는 일이니, 둘 사이에는 아무런 차이가 없다고 생각해서다. "바람을 거슬러 빗질을 해서는 안 된다"거나 "마당에 난 발자국을 모두 지워야 한다", "마당을 쓸고 난 뒤에는 도구를 제자리에 돌려놓아야 한다"는 등의 방법까지 계율서 『사분율(四分律)』에 구체적으로 언급해두었다. 마치 삶의 지혜처럼, 마음을 다스리는 방법처럼. 청소는 제 몫의 삶을 단단하게 꾸려가는 어른의 몸가짐에 가깝다. 공간에 물건이 차듯, 또 제자리를 찾지 못해 거실 이곳저곳을 배회하듯 우리 마음도 여러 생각과 감정이 일어나 서고 눕기를 반복한다. 휴식처와 일터의 경계가 깨진 지금, 집은 나에게 더욱 큰 의미다.

아침이면 눈을 뜨자마자 창문을 열어 밤사이 고인 공기를 환기시키고 인센스 스틱에 불을 붙인다. 주전자에 물을 데우고 새벽녘 고양이들이 뛰노느라 쌓인 털과 먼지를 먼지포로 쓸어낸다. 얼굴을 화장하고 예쁜 옷을 갈아입는 대신 집 안을 단정하는 것이 나의 아침 루틴이다. 프리랜서에게 청소란 어쩌면 삶과 생각, 일의 지표이자 하루의 시작점일지도 모르겠다. 숨 막히게 바쁜 날에도 청소 루틴을 지키고 싶은 확실한 이유가 여기 있다. 집은 나를, 나는 집을 닮았으니 말이다.

유승현

꿈은 없고요,
그냥 오래 프리랜서 하고 싶습니다

어느 밤 남편이 말했다. "넌 의지가 약한 것 같아." 나를 누구보다 잘 아는 사람의 말이라서 그랬을까? 마음속에서 무언가 풀썩 내려앉았다. 한낮엔 숱한 클라이언트와 연락을 주고받고, 밤엔 녹초가 된 몸을 이끌고 원고를 쓰느라 4~5시간 쪽잠을 자는 내가? 또래 중에 나처럼 열심히 사는 사람이 있긴 한가? 분하고 억울했다. 하지만 그런 마음도 잠시, 끝내 수긍하게 되었다.

출퇴근 시간이 규칙적인 남편은 퇴근 후 운동과 공부를 병행한다. 오늘을 넘어 내일을 계획하며 사는 스타일이다. 헤아릴 수 없이 많은 일에 둘러싸인 나는 오늘을 무탈하게 끝내는 것만으로도 숨이 차다. 무엇 때문에 이렇게 발을 동동 구르며 사는 걸까? 전생에 너무 게을러서 나태지옥에 갔다가 환생한 건 아닐까? 의미 없이 푸념하기도 여러 번. 그럼에도 이럴 시간이 아까워 억지로 마음을 가라앉힌 채 다른 일을 시작한다. 일감이 없어 고생하는 프리랜서, 취업시장에서 고투하는 사람이 얼마나 많은데 감사해야지. 스스로를 다독인다. 바쁨의 스트레스를 바쁨으로 씻어내는 지경이랄까.

나는 주체적 의지가 박약한데 불안감은 높고 책임감이 강하다. 한국인이라면 보편적으로 이런 성향을 가지고 있지 않을까? 나의 일상은 이른 아침 부은 눈을 비비며 '이 그지 같은 회사'를 외치지만 끝내 야근하면서까지 맡은 일을 끝내는 여느 직장인과 닮았다. 그나마 아주 작은 차이점이라면 프리랜서를 시작한 이후 내게 주어진 일은 어떻게든 끝장을 보아야 한다는 막중한 책임감까지 갖게 되어서 이따금 일을 뻥튀기로 키워낸다는 것이다. 메인 카피 제작 의뢰가 브랜드북 작업 전반으로 번지거나, 단발성 인터뷰 기사가 매달 고정 꼭지 기사로 진화하는 식이다. 하루에 처리할 일들 사이로 구멍이 어찌나 많이 보이던지. 온 힘을 다해 하루 일을 끝낸 뒤 침대에 누우면 곧바로 깊은 잠에 빠져든다(직장인 시절에 앓았던 불면증은 완치됐다). 의도치 않았던 프리랜서 생활이 길어진 데는 이러한 완벽주의 성향 탓이 컸다. 사력을 다해 무언가를 끝내고 나면 또 다른 일이 나를 기다리고 있었다. 다신 함께 일하기 싫은 클라이언트가 내게 또다시 일을 맡겼을 때의 희열과 막막함이란. 이겼는데 진 기분이다.

종종 프리랜서를 꿈꾸는 친구들이 내게 일감을 어떻게 찾았냐고 묻는다. 글쎄, 앞서 살짝 말했지만 나는 예비 클라이언트에게 전화나 메일의 콜드콜로 나의 경력이나 포트폴리오를 발신할 만큼 주체적이고 외향적이지 않다. 그래서 "그저 주어진 일을 열심히 했고 나의 책임감에 만족한 클라이언트가 누군가에게 나를 추천해주면서 일이 이어졌다"는 식의 피상적인 답변밖에 할 말이 없다. 누군가에겐 어처구니없는 소리로 들리겠지만 반대로 생각하면 내성적이고 인생의 큰 목표가 없는 사람일지라도 프리랜서로 제 밥벌이를 충분히 해낼 수 있다는 뜻이 아닐까?

명수옹의 어록에 빗대자면, 나는 "꿈은 없고, 그냥 프리랜서는 오래하고 싶은" 사람이다. 나의 스케줄과 일을 결정하는 프리랜서의 자율성, 그리고 일에 대한 명확한 보상이 좋다. 직장인일 때는 칭찬은커녕 내 실력을 인정하는 말 한마디 듣기 어려웠는데, 프리랜서가 되고 나서는 달랐다. 계약이 연장되고 새로운 의뢰가 들어오는 것이 인정이자 칭찬이다. 되려 프리랜서로 성공, 명예, 부를 쌓는 일에는 큰 관심이 없다(아, 거짓말이다. 부자는 되고 싶다).

다만 내 이름을 걸고 하는 일에 있어서만큼은 한 치의 부끄러움이 없고 싶다. 그게 나를 업어 키우고 뒷바라지한 부모님에 대한 존경이자 내 삶에 크게 뿌리내린 자존감이다. 업무 중 실수를 빚은 날엔 잠들기 어려울 만큼 큰 수치심이 몰려온다. '한 번만 더 물어보고 진행하면 됐을 텐데', '다시 꼼꼼히 읽어보고 메일을 보내면 좋았을걸' 같은 생각이 똬리를 튼다. 이튿날엔 '다음에 더 잘하는 수밖에 없지 뭐. 근데 두 번째 기회가 오지 않으면 어떡하지?'처럼 불안 섞인 마음으로 더 경건한 자세로 컴퓨터 앞에 앉는다. 비록 작은 실수였을지라도 마음에 선명한 회초리 자국으로 남아 긴장감에 날이 선다. 동료도, 선배도 없는 나의 일터는 한동안 살얼음판이 된다. 프리랜서의 생명력은 자의보다 타의로 결정되는 편이 잦다는 걸 꽤 자주 목격해왔기 때문이다. 별수 없다. 실수를 만회하기 위해선 더 잘해야 한다.

유승현

프리랜서를 시작한 이래로 미국 예능 〈억만장자 파헤치기〉나 국내 예능인 〈백종원의 골목식당〉 등을 즐겨 본다. 프로그램에는 누가 알아주지 않더라도 최선을 다하는 사람들이 나온다. 이들은 매우 사사로운 일도 경쟁자와 다른 관점으로 바라보며 저마다 의미를 만들어낸다. 오래된 노포 맛집에 앉아 뜨거운 물에 삶고 박박 닦아 반짝이는 수저를 쥐었을 때, 형언하기 어려운 감정이 차오른다. 아직 내가 어떤 사람이 되고 싶은지는 모르겠지만, 최선을 다하는 사람의 태도만큼은 본받고 싶다. 프리랜서를 하루아침에 그만두고 아르바이트를 시작하게 되더라도 내게 주어진 일을 누구보다 잘하는 사람이 되고 싶다. 그게 내 인생의 존엄이자 책임, 의지다.

누가 프리랜서는 프리하다고 말했던가. 오늘도 복닥거리는 마음으로 키보드를 두드린다. 자신감보다는 불안감, 결과물에 대한 확신보다는 의문이 앞서는 나날이다. 그럼에도 나를 앞으로 나아가게 하는 것은 주어진 일에 대한 책임, 그리고 그로 인한 책임감이다.

금요일 오후 5시,
나는 도서관에 간다

제주에 내려와서 나는 발레 이외에 별다른 취미를 찾지 못했다. 매주 평일 저녁에 두 번 발레학원을 가는 게 나를 위한 소소하고도 매우 큰 사치였다. 프리랜서로 일하는 시간이 쌓일수록 기사 취재, 카피라이팅, 영상 디렉팅 등 다양한 의뢰가 찾아왔고, 일 속에 파묻힌 나는 시간이 없었다. 주 1~2회 서울에 가서 촬영하고, 제주에 머무는 3~4일 동안에는 몰아치듯 원고를 썼다. 푸어 중에 가장 가난한 푸어는 타임푸어라는데 꼭 나를 두고 하는 말 같았다. 일이 너무 많은 달엔 하루 한 번 집 밖으로 나오는 것마저 쉽지 않았다. 휴대폰을 열어 걸음 수를 확인하면 500걸음 남짓, 마치 내가 입식에 특화된 인간이 된 것 같았다.

유승현

그렇게 1년 넘게 보내면서 문득 헛헛함이 찾아왔다. 카페에 친구와 마주 앉아 커피를 마시던 날이 언제였는지 가물가물했고, 노트북 없는 외출이나 여행은 상상할 수도 없었다. 바다 수영을 하러 떠날 때도 노트북을 차에 실었다. 시시포스처럼 무거운 돌을 마감이란 산 정상에 올려두면, 새로운 클라이언트가 찾아와 저 먼 아래로 돌을 내려보냈다. 이쯤 되니 내가 일하기 위해 태어난 것은 아닌가 의심이 들기 시작했다. 새벽 3시 마지막 원고를 송고하고 컴퓨터를 끌 때면 까만 모니터 가득 외로움이 차올랐다. 홀로 고군분투하는 프리랜서의 외로움이었지만 직장인 친구들에게 일이 너무 많아서 힘들다고 푸념하기도 어려웠다. "일 많다고 자랑하냐?"는 친구의 농담에 괜히 위축된 적이 있기 때문이다.

그렇다고 직장 생활이 그립지는 않았다. 프리랜서로 열심히 일하는 순간이 좋았고, 누군가 나를 믿고 새로운 작업을 제안해줘서 고마웠다. 외로운데 감사하고, 괴로운데 이보다 나을 수는 없다고 생각했다. 그 즈음 희성, 한별, 나 우리 셋은 비슷한 고민을 하고 있었다. 고민 해결을 위해 우리는 줌으로 모여 이런저런 얘기를 나눴고, 누군가 정한 스케줄 대신 주체적으로 시간을 운용하고

자 다 같이 새벽 5시에 일어나기도 했다. (큰 소득은 없었고 여전히 우리는 시간을 우리 편으로 만들지 못했다. 그저 서로를 위로하며 한 걸음 더 나아갈 뿐.)

개인적으로도 노력을 기울였다. 일주일에 두어 번 도서관에 갔다. 제주에서 직장 생활을 한 남편과 달리, 경계에 선 외지인인 나는 도민 친구가 없었다. 살면서 이렇게 주변에 친구가 없던 때가 있었던가. 남편을 제외하곤 속마음을 터놓을 곳이 없으니 책에서라도 조언을 구하고 싶었다. 그래서 의식적으로 금요일 오후 5시엔 컴퓨터를 끄고 집에서 걸어서 20분 거리의 도서관으로 발걸음을 옮겼다. 볕이 좋은 날도, 비바람이 부는 날도 목적지는 같았다. 폴 라파르그의 『게으를 권리』처럼 오래된 고전이나 어려운 철학서를 읽는 날도 있었지만 대부분 살림 잘하는 방법이 적힌 실용서, 요리책, 인문서, 재테크책 같은 걸 봤다. 활자 가득한 책을 만지는 것만으로도 큰 위안이 되었다. 좋은 책을 만날 때면 큰 자극을 얻기도 했고, '나무야 미안해!'를 외치고 싶을 만큼 엉망인 책을 볼 때면 속 깊은 곳에서 천불이 났다. 너무 바빠도 내가 하는 일을 아직 사랑하고 있다는 반증 같았다.

육지처럼 대형 서점이 없는 제주에서 책장을 뒤적이

는 순간은 새삼 귀하게 다가왔다. 토요일엔 남편과 함께 도서관에서 점심을 해결하며 더 긴 시간을 보냈다. 서울과 달리 1990년대 건축물의 형태, 레이아웃, 마감재를 그대로 간직한 도서관은 그저 머무는 것만으로도 큰 안식을 주었다. 도서관 식당에서 4,000원짜리 비빔밥을 먹으며 초, 중학생 무렵으로 돌아간 듯한 느낌을 받기도 했다. 삼십 대 프리랜서로 찾은 도서관은 핫플레이스나 관광지가 주는 짜릿한 감흥과는 다른 기분을 선물했다. 도서관에 있으면 괜스레 내가 발전적인 사람이 된 듯했다. 또 나의 고민이 무엇이든 답을 찾아줄 것만 같아 마음이 든든했다. 따뜻한데 위용이 넘친달까.

도서관을 다닌 지 어느덧 1년. 여전히 나는 일에 대한 고민이 많다. 그리고 생각이 너무 많아질 때면 어김없이 도서관을 찾는다. 여러 서가를 배회하며 내 마음이나 생각을 읽곤 한다. 내가 꺼낸 책이 곧 요즘 나의 관심사이자 고민에 관한 것일 테니까. 글 무덤에 파묻혀 죽을 듯이 바쁜 날도 글로 가득한 도서관에서 다시금 힘을 얻어 나아간다. 이것이야말로 글생글사 나의 숙명일지도.

모텔방에서
쓰는 원고

　결국 인천에 집을 구했다. 나와 남편은 날짜 간격을 두고 제주 생활을 정리하여 다시 도시로 돌아올 계획이다. 몇 달을 울고 고민한 끝에 내린 결정이다. 제주에 살며 프리랜서 생활을 한다는 내 이야기를 건넸을 때, 이따금 사람들이 짓던 표정과 탄성을 기억한다. 바다를 보며 글을 쓰는 여유로운 삶에 대한 동경 같은 것들이 묻어났다. "노트북만 있으면 어디서든 일할 수 있겠네? 와, 너무 부럽다.", "지난 여름에 제주로 여행 다녀왔는데 한 달 정도 워케이션하면 좋겠다고 생각했거든요. 너무 좋을 것 같아요." 같은 말이 뒤따른다. 맞다. 짧게 워케이션을 보내거나 완전한 디지털 노마드로 살아가기에 제주는 완벽한 곳이다. 주말이면 숲과 바다로 쉬이 떠날 수 있으니까. 하지만 서울에서의 미팅과 취재, 촬영을 병행해야 하는 내게 이곳에서의 생활은 욕심이었다.

다시는 에디터 일을 하지 않겠다며, 단언하듯 제주로 내려온 나는 3개월 만에 다시 프리랜서로 일을 시작했다. 처음엔 내 손으로 밥을 지어 먹고 바다를 보며 커피를 마시는 여유가 허락될 정도의 일을 했다. 하지만 사람의 욕심이라는 게, 또 불안이라는 게 그만큼 일을 하도록 내버려두질 않았다. 서울에는 나보다 능력 좋은 프리랜서 에디터가 넘쳐났고, 매달 회사를 뛰쳐나와 프리랜서에 도전하는 동료도 많았다. 섬에 있다는 이유로 집에서 웹 서핑만으로 기사를 쓰는 기자를 원하는 매체나 회사는 없을 듯했다. 나 역시 기존 정보를 편집해 재가공한 기사에 큰 흥미를 느끼지 못했다. 매달 새로운 사람을 만나 인터뷰하고, 스튜디오로 수급된 신제품을 직접 만지고 촬영하며 얻는 감각이 내게 필요했다.

도시보다 일의 규모나 기회가 적은 섬은 도전을 갈망하는 이십 대, 삼십 대에게 목마름을 일으킨다. 나는 한 달에 두어 번 촬영을 몰아 도시로 향했고, 점차 일이 많아지자 일주일에 한두 번 서울행 비행기에 오르게 되었다. 지난 1여 년간 영화 〈소공녀〉의 주인공 미소에겐 캐리어라도 있지, 서울의 거처가 불분명한 나는 배낭 하나에 의지해야 했다. 가방 한가득 내 몸을 수신할 물건과 노트북을 담아 서울을 찾으며 어느 날은 친구네 집에서, 또 어느 날은 본가에서 신세를 졌다. 결혼하고 나니 내 몸을 누이기에 친정도 마냥 편한 곳이 아니었다. 하루 내 두세 개의 인터뷰나 미팅을 몰아 진행하다 보니 늦은 밤에나 본가로 발걸음을 옮기게 되는데, 끼니를 거른 딸내미를 위해 자정에 저녁을 차리는 엄마를 보는 게 영 마음이 편치 않았다. 식사 후에는 또다시 원고를 쓰고 내일 할 일을 재정비해야 하는 터. 종일 나를 기다린 엄마는 늘 바쁜 딸에게 아쉬움을 토로했다. 나 역시 그 사랑의 크기와 깊이를 알기에 그저 미안할 뿐이었다.

그렇게 다시 몇 개월은 모텔방을 전전했다. 아무리 일이 많아 남들 눈에 떼돈을 버는 프리랜서처럼 보일지라도 매번 호텔에 머물 수는 없었다. 때로는 비행기표 값만으로 수지 타산이 맞지 않는 작업도 있었는데, 나는 건건이 셈하기보다 내 포트폴리오의 전체적인 균형을 생각했다. 촬영지 인근의 적당한 가격대 모텔이 내 숙소였다. 서울 각지의 모텔에서 잠을 잔 것 같다. 더욱이 돌풍, 호우 등으로 비행기가 결항되는 날엔 내 집인 양 모텔로 향했다. 서울에서 결항되면 그나마 다행이었다. 오전 11시 인터뷰를 앞둔 어느 날, 제주 집에서 새벽에 돌풍 예보로 인한 비행기 지연 문자를 받고서 바로 출발하는 비행기표를 구하느라 발을 동동 구르기도 했다. 비행기, 공항이라면 이골이 났다.

결국 사달이 났다. '제주-김포-한남-강남-인천' 일정으로 김포공항에 다시 돌아와 제주행 비행기를 타는 당일치기 출장날이었다. 이른 아침, 김포공항 1층 도착장엔 수학여행을 떠나는 아이들로 가득했다. 순간 알 수 없는 쎄함을 느꼈는데 하루 일정이 빡빡했던 터라 고개를 저으며 지하철을 타러 갔다. 저녁 8시 제주로 향하는 밤 비행기를 타러 다시 공항에 도착했다. 9시 20분 마지막 비행기였던 터라, 순조롭게 흘러간 하루 스케줄에 만족하며 간단히 저녁을 먹을 요량이었다. 20~30분이 흘렀을까? 공항 식당에서 밥을 먹는데 핸드폰에 문자 한 통이 왔다. '도착편 지연으로 인한 결항'이었다. 이 무슨 날벼락이람. 포털사이트에 김포공항을 검색해 수학여행을 떠나는 학생들의 수하물을 검사하다 헤어 스프레이가 발견되어 오전부터 비행편이 무더기로 지연되었다는 뉴스를 확인했다. 김첨지의 아내처럼 눈앞에 놓인 뜨

끈한 국밥이 목에 넘어가질 않았다. 운수가 좋더라니, 왜 먹질 못하니. 결국 내가 갈 곳은 또다시 강서구 인근 모텔이었다. 서울 동쪽 끝에 위치한 본가로 걸음을 옮기기에는 너무 지쳐버렸기 때문이다. 나는 제주에 있는 남편에게 전화로 결항 소식을 알리며 엉엉 울었다. 무엇 때문에 그렇게 울었을까. 당혹스러워서? 지난 1여 년의 피로가 엄습해서? 모텔방에서 하루를 마무리하는 인생이 고단해서? 모르겠다. 모텔방에 들어서서도 눈이 퉁퉁 붓도록 울었다. 하지만 잘 수도 없었다. 새벽 내에 보내야 할 격주간지의 배우 인터뷰 원고가 있었기 때문이다. 샤워를 하고 꿀렁이는 침대에 앉아 쓰던 그날의 인터뷰 원고를 잊지 못한다. 옆방에선 파이팅 넘치는 남녀의 신음이 배경음악처럼 흘러나왔고 나는 그냥 썼다. 그냥 해야지. 일단 얼른 써야지. 그런 마음뿐이었다.

누군가 낭만이라 생각하는 일엔 꽤 큰 수고 혹은 포기가 따른다. 그리고 좋아 보이는 것 이면에는 늘 고통스럽고 씁쓸한 것이 서려 있다. 커리어를 포기하기에 나는 너무 젊었고, 이 생활을 지속하기엔 정신적, 체력적으로 무리였다. 남편과 여러 날 대화한 끝에 우리는 다시 도시의 집을 구했다. 사람들로 빽빽한 지하철, 높이

솟은 빌딩, 쿰쿰한 매연이 아직 우리 삶에 이어진 풍경이라는 걸 받아들였다. 어느 날은 제주의 파란 바다가 사무치게 그립겠지. 그럼에도 생에 주어진 일, 수고를 마쳐야 한다. 집을 구하고 제주로 돌아오는 길에 남편과 이야기했다. 세상이 우리를 찾는 일이 잦아드는 노년에 언젠가 다시 제주로 돌아오자고.

건축가의 일,
에디터의 일

　이야기는 일본 오키나와의 츄라우미 수족관에서 시작한다. 2017년 여름, 오키나와에서 나는 건축 스튜디오 푸하하하 프렌즈의 소장님들, 직원 일동과 마주쳤다. 내가 그들을 한눈에 알아볼 수 있었던 건, 소장님들이 '푸하하하 프렌즈'라는 이름에 걸맞게 모든 인터뷰 기사 사진에서 웃긴 포즈와 표정으로 일관했기 때문이다. '도대체 뭐하는 사람들이야?'라는 생각이 들 만큼 엉뚱한 프로필 컷, 인터뷰의 연속이었다. 물론 소장님들은 내가 누구인지 몰랐고, 나 또한 아는 척하지 않았다.

　돌이켜보면 나는 기자 초년생 시절부터 푸하하하 프렌즈를 주시했던 것 같다. 당시 나는 건축·인테리어 잡지에서 기자로 일하고 있었는데, 비전공자인 터라 남들보다 많은 프로젝트를 보고 이런저런 책들을 뒤적이며 살았다. 시간을 쏟을수록 건축이 좋아졌다. 건축은 일상 제일 가까이의 예술이었다. 살다 보면 먹고사는 일에 치여서 예술 같은 건 안중에 없기 마련인데 건축은 그 안을 오르내리고 그곳에서 커피를 마실 수도 있다. 하지만 동시에 해갈되지 않는 답답함도 있었다. 어떤 건축물은 고혹적인 자태를 지녔지만 실질적인 쓰임새를 찾기 어려웠다. 실용성을 강조한 어느 공간은 너무 노골적으로 사용법을 일러주는 듯했다. 작품이 제품이 될 수 없고, 제품이 작품이 되기 어려운 것처럼. 그런데 푸하하하 프렌즈가 만든 공간은 색다르게 다가왔다. 그들의 페이스북 페이지를 구독했고 홈페이지를 염탐하며 소장님들의 자전적 이야기가 녹은 프로젝트 소개글을 틈틈이 읽었다. 아키데일리 같은 플랫폼에서 그들의 이름을 발견할 때면 괜스레 반가웠다.

　오키나와 휴가를 다녀오고 1년 반이 지났을 때쯤 나는 건축사무소에 전화를 걸었다. 푸하하하 프렌즈를 인터뷰하고 싶다는 생각은 자주 했지만, 건축지를 떠나 주부지를 다니던 때라 데스크를 설득할 구실이 없었다. 때마침 편집장님이 당시 푸하하하 프렌즈가 성수동에 새로이 설계한 복합문화공간에 관심을 보였고, 다른 취재를 위해 내려간 부산에서 대략적인 인터뷰 일정을 받을 수 있었다. 승낙 전화는 바닷바람을 뚫을 만큼 내게 큰 기쁨을 안겼다.

그러다 인터뷰를 일주일 정도 앞둔 명절 연휴에 광화문의 한 영화관에서 세 명의 소장님 중 한 분과 마주쳤다. 대뜸 인사를 건네기도, 그렇다고 시선을 거두기도 뭐한 상황이었다. 영화 〈가버나움〉 상영관에 들어서니 소장님은 내 앞줄 대각선 자리였다. 영화가 끝나자 나는 대성통곡을 했고, 소장님은 조금 훌쩍인 것 같아 더 이상 알은체를 할지 고민하지 않았다. 그러곤 광화문 사거리 신호등까지 조용히 걸었다. 건축제, 전시장도 아닌 여행지, 영화관에서 건축가를 만났다니, 나와 얼추 취향이 비슷한 사람들인 것 같았다. 이후 인터뷰를 앞두고 매니저님, 소장님과 잠깐 전화 통화를 했는데 입이 어찌나 근질거리던지. 코가 간질거리는 재채기를 참듯 나는 말을 거두고 소장님과 인터뷰에서 '집'에 대해 이야기를 나누기로 약속했다.

당시 푸하하하 프렌즈의 대표적인 작업은 카페 옹느세자매, 대충유원지, 퀸마마마켓, 성수연방이었다. 상

유승현

업공간으로 유명한 건축가들과 집에 대한 이야기를 나누다는 게 무슨 어불성설인가 싶겠지만 그 어떤 인터뷰 기사도 기자 혼자 만들 수 없다는 생각이었다. 기자는 듣는 사람이다. 그래서 나는 되도록 인터뷰이가 지금 하고 싶은 이야기, 가장 많이 고민하는 것들을 듣고자 한다. 인터뷰를 위해 많은 자료와 기사들을 살펴보고 질문지를 만들어가지만 이따금 질문지의 내용일랑 잊고 "요새 야식으로 뭐 즐겨 드세요?"와 같은 질문을 던지곤 한다. 일상적인 질문에서 최근 인터뷰이의 생각이나 고민, 삶의 태도가 녹은 답변이 돌아오기 때문이다. 아무튼 푸하하하 프렌즈의 오랜 팬이었던 나로서는 일전 인터뷰나 기사(대부분 상업공간에 관한 것)를 '우라까이'(다른 기사의 내용이나 핵심을 살짝 돌려쓰는 관행)하고 싶지 않았기에 꽤 괜찮은 대화 주제라 생각했다. 푸하하하 프렌즈가 가진 집에 대한 개념도 궁금하기도 했고.

드디어 세 번째 만남에서야 나는 푸하하하 프렌즈와 대면해 대화를 나눴다. 겉으로 드러나지 않았을 뿐이지 그들은 꽤 많은 주거공간을 작업해왔고 또 하고 있었다. "이름이 왜 FHHH 프렌즈예요?", "셋이 무슨 사이예요?" 같은 질문은 건네지 않았다. 세 사람이 가진 집에 대한 개념, 집을 지을 때의 마음, 그들의 진심이 왜곡되는 건축 현실 같은 걸 물었다. 진지한데 웃겼고, 그들의 최선을 다한 대답이 종종 내가 해야 할 질문의 길을 잃게 했다. 3시간가량 웃고 떠들다가 다음 미팅 약속을 훌쩍 넘긴 시간에 나는 사무소를 헐레벌떡 뛰어나왔다. 늦은 저녁 사무실로 돌아와 인터뷰 녹음 파일을 들어보니 인터뷰 내내 내가 횡설수설한 티가 역력했다. 아무래도 반가운 마음에 들떴던 것 같다.

규모와 파급력의 (엄청난) 차이일 뿐 공간을 짓는 일과 콘텐츠, 그중에서도 잡지 기사를 만드는 일은 굉장히 닮았다고 생각한다. 사용자(또는 독자)를 위해 건축가는 벽체와 기둥으로, 에디터는 문단과 문장으로 골조를 세우고 동선을 짠다. 푸하하하 프렌즈의 인터뷰 기사를 쓰면서 내가 정한 방향은 두 개였다. 그들의 유머와 진정성.

간혹 후배들이 인터뷰 기사 쓸 때가 가장 좋다고 말하곤 한다. 단순하게 보면 인터뷰는 인터뷰이의 말을 지면으로 옮기는 작업이다. 분명 기자의 역할은 제목, 전문, 발문 정도에서 멈출 수도 있다. 하지만 그와는 정반대로 인터뷰 기사는 좋은 질문, 답변을 재료 삼아 섬세하게 쌓아 올려야 한다. 녹취 원고를 책상에 두고 앉아

블록을 쌓듯 번호를 매긴다. '이 이야기의 앞에는 이게 오고, 이 답변은 호흡이 기니까 중간에 다른 사람의 목소리가 들어 가야겠다' 같은 작업의 반복이다. 녹취 원고를 열 번, 스무 번 읽고 또 읽는다. 인터뷰이가 여러 명일 땐 영화 시퀀스를 짜는 기분도 든다. 제목, 전문, 발문도 되도록 간결하게 쓰고 싶다. 대놓고 '이런 사람들이니까 이렇게 봐주세요'라고 구구절절 말하긴 좀 그렇다. 에디터의 일은 소설가, 시인, 예술가와는 분명 다르다. 창작의 고통 대신 마감이란 고행을 경험하고, 순수한 영감 대신 주제나 인터뷰이에서 아이디어를 얻는다.

그런 의미에서 푸하하하 프렌즈는 내게 좋은 자극을 준 사람들이다. 그들은 땅과 공간 사용자의 삶에 몰두한다. 또 무엇 하나 대충 하는 법이 없다. 설령 그게 품을 줄이고 시간을 절약하는 방식이더라도. 누군가는 푸하하하 프렌즈가 일과 사람을 가린다고 말한다. 인터뷰를 하면서 느낀 건 그들은 사람을 가릴 수밖에 없다. '몇 평에 몇 칸짜리 집', '인스타그램에 자랑스레 올릴 만한 예쁜 공간' 같은 의뢰는 통하지 않는다. 그런 요구에서 그들은 아이디어를 도출할 수 없다.

카페나 복합문화공간 같이 많은 사람이 오가는 공간

으로 유명해지는 것은 거주자의 삶을 풍요롭게 만드는 집으로 유명해지는 것보다 쉽다. 사람들은 매 순간 예쁜 공간을 사진 찍고 SNS에 공유한다. 하지만 좋은 설계로 지은 집에서의 윤택한 생활을 기록하긴 쉽지 않다. 그 윤택함마저도 '하얀 벽과 값비싼 의자와 테이블이 놓여야만 타인에게 인정받을 수 있지 않을까?' 싶다. 건축가의 일은 물리적인 공간 설계에 그치지 않는다. 그들은 공간 안에서 일어나는 모든 일과 생각, 감정, 관계를 짓는다. "좋은 공간 하나만 있으면 삶이 윤택해질 수 있거든요. 좋은 주방과 식탁이 생겨서 사람들을 초대하고 싶다면 그게 인생에서 가장 큰 부분이 될 테고, 또 빨래나 청소를 하기 쉬운 동선이 갖춰지면 그 집주인은 다른 집에서는 절대 살 수 없겠죠." 세 소장님들이 집을 점점 더 많이 설계하게 된 이유를 알 것만 같았다. 그들은 공간에 머무는 사람의 일상을 바꾸고 싶어 했다.

인터뷰를 하면서 "옹느세자매의 타일 벤치처럼 여러분이 설계한 공간을 카피한 곳이 참 많은데 속상하지 않는지"도 물었다. "다른 공간과 저희가 만든 공간이 똑같이 보일 수도 있지만 저희는 본질적인 걸 함께 고민해요. 저는 믿거든요. 그런 것들이 드러날 때는 진정성도 함께 전달된다고요. 그 차이가 클 거예요. 저희 공간을 카피한 곳은 많지만 그런 곳에서는 아무런 감흥이 들지 않아요. 또 금세 사라지고요. 사람들이 공간에서 어떤 감정을 느꼈으면 좋겠다는 것 대신, 어떻게 보일지에 대해서만 고민했으니까요"라는 답이 돌아왔다. 마음이 어린 공간은 그 생명력이 길다. 인터뷰 기사도 매한가지다. 간결하지만 예리한 질문, 인터뷰이의 진솔한 답변은 기사라는 건축물의 단단한 골조다. 기사를 쓰는 내내 나는 읽는 사람의 마음에 동요가 일어나도록 촘촘히 디테일을 높여야 한다. 그럴싸하고 세련된 신조어 범벅의 문장보다 독자의 마음에 오래 남는 건 진정성이 녹아든 인터뷰 대화다. 그리고 그 독자는 글을 쓰는 나, 인터뷰어이기도 하다.

이따금 순수창작 없는 나의 일에 대해 푸념하기도 한다. 누군가를 어렵게 섭외하고 여러 단계를 거쳐 예쁘게 촬영한 후에야 나의 일이 시작되니 말이다. 꽤 피곤하고 지치지만 서점에 서서 혹은 작디작은 휴대폰 액정으로 인터뷰 기사를 읽을 누군가를 상상한다. 독자의 마음에 잠시나마 인터뷰이의 생각과 고민이 스민다면 그것으로 충분하다고 생각한다.

김희성

나는 또 무엇이 될 수 있을까?

한여름에 닭머리를 구하는 것도
에디터의 일이다

　잡지 에디터가 되는 길은 생각보다 멀고 험난했다. 매체마다 다르지만 나는 작문 시험과 객관식 시험, 그리고 몇 차례 면접을 거쳤다. 나름 빡센 절차 끝에 어시스턴트가 되고도 처음 한 일은 글 쓰는 게 아니라 닭머리를 구하는 것이었다. 기존의 레시피를 비틀어 유머러스하면서도 다소 크레이지한 요리를 소개하는 칼럼에서 '닭머리 젤리'를 만들기로 한 선배의 지령 때문이었다. 너무 충격적인 나머지 닭머리가 단번에 떠오르지 않던 나는 "네? 닭목이요?"라고 반문했고 그녀는 "닭머리, 닭머리 말이야. 희성씨"라고 말했다. 아아, 소위 말하는 닭대가리를 뜻하는 건가? 핼러윈 데이를 맞아 기획한 기사를 위해 나는 평생 보지도 못한 닭머리를 구해야 했다. 닭목은 쉽게 구할 수 있을 것 같은데 닭머리는 대체 어디서 팔지?

하지만 어떻게든 구해내야 한다. 이것이 나의 첫 미션이니까. 영화 〈악마는 프라다를 입는다〉에는 편집장이 비서에게 아직 출간되지도 않은 『해리 포터』 원고를 구해오라고 하는 에피소드가 있다. 닭머리 구하기는 그에 비하면 아무것도 아니라고 자기최면을 걸었다. 검색에 검색을 거듭하고 여러 마트와 시장에 전화를 돌리다 가락동 농수산물 도매시장에 닭머리가 있다는 정보를 입수(?)했다.

난생처음 찾아간 가락시장 안을 헤매다 드디어 생닭 파는 곳을 발견했다. 오오, 그곳엔 닭머리가 산더미처럼 쌓여 있었다. "사장님, 닭머리 얼마예요?" 같이 간 어시스턴트 2가 물었다. "닭머리는 안 파는데. 이런 걸 뭣에 써?" 사장님은 인상을 찌푸리며 대답하고는 우리를 의심스러운 눈빛으로 쳐다봤다. "사장님, 학교 과제 때문에 닭머리가 정말 필요해서 그러는데 몇 개만 팔아주시면 안 되나요?" 임기응변이 통한 모양인지 사장님은 우리를 흘끔흘끔 쏘아보다 정 그렇다면 사 가라고 했다. "얼마를 드리면 될까요?" 시장에서 한평생 일해온 듯한 포스를 풍기는 사장님도 아직 닭머리를 팔아본 적은 없었던지 잠시 생각에 잠겨 있다 가격을 제시했다. "여덟 개에 1,000원!" 찌는 듯한 무더위 속, 검은 비닐봉지 안에 한데 뒤섞인 닭머리들을 들고 오며 나는 이제 무슨 일이든 해낼 수 있을 것만 같은 기분이 들었다.

에디터라는 직업에 많은 이가 호기심을 가진다. 덕분에 내가 하는 일에 대해 이야기할 기회도 많다. 잡지 에디터란 직업이 신기하다며 어떤 일을 하는지 물어오면, 상대방이 인사치레나 형식적으로 물었겠지 싶어 간략히 설명하며 슬그머니 이야기를 끝내곤 한다. 하지만 진짜 궁금했던 모양인지 꼬리에 꼬리를 물고 질문이 이어질 때도 있다. 그중에 가장 많이 듣는 질문은 이거다. "정말 〈악마는 프라다를 입는다〉 같나요?" 나는 이렇게 말하고 싶다. "프라다를 입고 불볕더위에 닭머리를 구하는 게 에디터의 일입니다."

잡지 에디터는 유행의 최전선에 있다. 패션, 뷰티, 라이프 스타일 브랜드에서 신제품이 출시되면 앞다투어 초대장을 보내온다. 구찌, 루이비통에서 어떤 컬렉션을 선보이고 까르띠에, 티파니에서는 어떤 주얼리를 선보이는지 별 관심이 없어도 저절로 알게 된다. 국내는 물론 해외 유수의 미술관에서 어떤 전시를 할 예정인지도! 출근하면 메일함에 쌓인 신제품 정보나 보도자료를 쭉 훑어본 후 그날 잡힌 론칭 행사나 기자간담회에 참석한다. 피처 에디터로 일하면서 가장 좋았던 건 전시를 한가롭게 볼 수 있다는 것. 보통 전시 공개 전날 미술 담당 기자들을 대상으로 기자간담회를 진행하기 때문에 인적 드문 미술관에서 느긋하게 작품을 감상할 수 있다. 또한 아티스트에게 작품 설명을 들을 기회도 많고 인터뷰를 할 때도 작품을 보며 궁금했던 점을 바로 질문할 수 있다. 일을 하면서 문화생활을 풍족하게 누리고 절로 소양을 키울 수 있어 좋다.

해외에서 유명한 버거집이나 카페가 국내에 들어온다는 소식이 퍼졌을 때는 나는 이미 다녀온 후인 경우가 많다. 마찬가지로 정식 오픈 전에 가볼 수 있어서다. "새로운 것, 좋은 것, 남들이 원하는 것을 미리 접할 수 있는 일이라니 정말 좋은 것투성이인걸요?"라고 말할 수도 있겠지만 이 모든 것에는 '기사'를 써야 한다는 관문이 기다리고 있다. 신제품이 많이 나올수록, 가야 할 전시가 많을수록, 출장이 잦을수록 더 바빠진다. 10월에 이미 12월호를 만들고 있는 형편이니 막상 12월이 되면

'뭐야, 아직 크리스마스 안 온 거야?' 하는 생각이 든다. 특별한 날에도 무뎌지고 새로운 것을 봐도 무미건조해지기 쉽다. 에디터로서 경계해야 할 자세다. 하지만 천성이 '호기심 천국'이라 그래도 세상이 재미있고 아름다운 것들로 가득해 보이는 덕에 지금도 이 일을 즐겁게 하고 있다.

많은 이의 예상과 달리 에디터에게 기사 작성은 해야 하는 일의 극히 일부에 불과하다. 나도 글을 쓰고 싶어 잡지사에 왔지만 처음에 닭머리부터 구하러 다니지 않았던가. 섭외 전화를 돌리고 화보 촬영을 위해 스태프를 꾸리는 것은 시작에 불과하다. 단 한 컷의 사진이라도 배경은 어떻게 할지, 의상은 무얼 입힐지, 헤어와 메이크업은 어떻게 할지 포토그래퍼, 헤어·메이크업 아티스트, 스타일리스트, 인터뷰이와 전화통을 붙들고 얘기하는 일이 대부분이다. 셀럽 인터뷰나 화보 촬영이 있을 때는 간식부터 챙기는 게 에디터의 일이다. 가끔은 도저히 준비하기 어려워 보이는 소품도 구해야 한다. 관리도 물론 담당 에디터의 몫이다. 바닷가에서 촬영하다 주얼리의 일부가 짠물에 닿아 변색되는 바람에 물어준 적도 있다. 자연히 고가의 의상이나 소품을 협찬받은 날에는 신경이 더욱 날카로워진다. 화보 촬영이 끝나면 사진도 고르고 리터칭된 데이터가 오면 추가로 수정할 부분을 표시해 몇 차례 더 주고받는다. 그러다 보면 밤이 깊어 간다. 자, 이제 본격적으로 키보드를 두드릴 시간이다.

마감이 닥치면 이 모든 일이 언제 있었냐는 듯 밥을 아무 생각 없이 사료처럼 먹는 나날이 계속된다. 행사에 초대받아 맛본 파인 다이닝과 와인 세미나에서 마신 신의 물방울은 까마득한 전생의 일인가 싶다. 한 손에는 2,500원짜리 김밥을 〈더 글로리〉의 문동은처럼 호일째 들고 목구멍으로 넘기며 비장한 표정으로 모니터를 노려본다. 졸려도 잠을 참고 그저 생존을 위한 최소한의 욕구만 충족하며 미친 속도로 원고를 쓴다. 아니, 찍어 낸다는 표현이 더 적확하겠다. 나라는 사람이 오로지 원고를 쓰기 위해 태어난 것처럼, 마치 원고를 쓰다 그 자리에서 재가 되어 사라져도 이상하지 않을 듯이 가만히 앉아 쓰고 또 쓴다.

정신과 시간의 방에 갇힌 듯 하염없이 원고를 쓰다 보면 창 너머로 동트는 것이 느껴진다. 아침이 밝아 오기 전 잠시 눈이라도 붙이자 싶어 침대로 향하다 보면 이게 사람 사는 건가 싶기도 하다. 물 마시는 것도 잊고 보디 로션을 바를 여유조차 없어 말라가는 식물이 된 것 같아서다. 하지만 10년 훌쩍 넘게 마감을 하며 배운 건 하늘이 무너져도 솟아날 구멍이 있다는 것, 그리고 웬만한 일은 '마감'이 해결해준다는 믿음이다. 하다 보면 어떻게든 해결될 거라는 맷집도 생겼다. 이제 내게 한여름에 닭머리 구하기는 그리 어려운 일도 아니니까.

작은 일들이 모든 것을
가능하게 해

아침에 눈을 뜨면 습관적으로 스마트폰부터 찾는다. 누워서 뒹굴거리며 유튜브를 보며 낄낄거리고 싶지만 억지로 몸을 일으켜 욕실로 간다. 공복 몸무게를 잰 후 샤워를 한다. 아무리 무기력하고 일어나고 싶지 않은 아침이라도 그렇게 오랜 시간을 들여 머리를 감고 몸 구석구석 씻다 보면 무엇이든 해낼 수 있는 기분이 든다. 오늘하루 중 가장 귀찮은 일을 해냈으니 말이다.

"일어나서 씻기만 하면 무엇이든 된다." 무기력한 기분이 들거나 모든 것이 귀찮아지는 날이면 이 말을 읊조린다. 일단 프리랜서에겐 지켜야 할 출근 시간이 없으니일할 시간과 장소를 마음대로 정할 수 있다. 시간과 장소의 자유가 무한하다는 건 반대로 생각하면 아무것도 강제하는 것이 없으니 한없이 게을러지기도 쉽다는 소리다. 인간의 본성인지, 나의 MBTI가 LAZY인지 아무것도 하고 싶지 않은 날이 많다. 하지만 그런 날에도 오래 빈둥거리지 않고 억지로라도 몸을 일으킨다.

누군가는 이런 나를 보고 아침형 인간이라며 대단하다 하지만 나만의 출근 시간을 정해 지키려 하는 데는 이유가 있다. 사실 나에게는 프리랜서에 도전했다 실패한 흑역사가 있다. 첫 직장을 4년하고도 3개월 다녔을 무렵, 지칠 대로 지쳐 피폐해진 몸이 마음을 갉아먹고 있었다. 그때는 이직하는 방법에 대해 아무것도 모르고, 갈 곳을 구해놓고 회사를 그만두자는 식으로 최소한의 대책조차 마련할 줄 몰랐다. 첫 직장을 그만둬본 사람이라면 누구나 공감하겠지만 첫 직장을 그만두는 것만큼 어려운 게 또 없다(두 번째부터는 조금 더 쉬워진다). "그만두겠습니다"라는 말을 꺼내기까지 결심도 여러 번. 내 안에 있는 용기를 탈탈 털어 인생 첫 번째 퇴사를 감행했다.

퇴직금을 받고 가장 먼저 한 일은 노트북 구매였다. 이직할 곳도, 앞으로 먹고살 계획도 똑부러지게 세우지 못했으면서 노트북을 산 이유는 단순했다. 우선 흰색 노트북을 갖고 싶은 로망이 있었고, 퇴사 즈음 재미있게 읽은 『병신같지만 멋지게』라는 책의 저자가 퇴사 후 노트북을 장만한 이야기에 흥미를 느꼈기 때문이다. 어머니에게 등짝 스매싱을 당할 정도로 대책 없이 빈둥거리던 그는 노트북을 산 이후부터 갑자기 일이 들어오기 시작했다고 한다. 하지만 그때까지만 해도 노트북이 나에게 그렇게 많은 일을 물어다 줄 거란 생각은 꿈에도 하지 못했다.

노트북을 사고 나서 며칠 후 '안녕하세요. ○○○ 담당자입니다'라는 제목의 메일 한 통이 도착했다. 타 사이트에 기고한 글을 본 모 브랜드 사이트 운영자가 고정 칼럼 연재가 가능할지 문의해온 것이다. 그렇게 하나둘 고정으로 칼럼을 연재하는 매체가 늘어나고 기고 청탁 외에도 다양한 일들이 들어오기 시작했다. 정말 노트북 덕분이었을까.

단지 첫 직장을 퇴사했을 뿐인데 생각지도 못하게 많은 일을 하게 되면서 나는 하루아침에 백수에서 프리랜서로 신분이 바뀌었다. 고정적으로 칼럼을 연재하는 곳만 해도 몇 군데, 거기다 간헐적으로 들어오는 기고 청탁도 있어 거의 매일 글을 써야 했다. 일주일에 3~4번 마감을 해야 하는 스케줄이었다. 처음 4개월 동안은 무척 즐거웠다. 출퇴근을 하지 않고도 흰색 노트북 하나만 챙겨 나와 카페에서 글을 쓰면 되니까. 아침 10시쯤 일어나 수영이나 등산을 하고 집밥을 챙겨 먹은 뒤 좋아하는 카페로 출근해 글을 쓰다 집에 와 다음 날 출근 스트레스 없이 잠드는 일상. 그저 두렵기만 하던 퇴사 후의 삶은 예상치 못한 행복으로 가득했다.

하지만 역시나 인생이 그렇게 호락호락하진 않았다. 마감이 잦다 보니 새벽까지 글 쓰는 날들이 늘어나기 시작한 것이다. 정해진 출근 시간도 없으니 밤에 자야 한다는 압박도 없어 취침 시간이 늦어졌고, 프리랜서 5개월 차가 되었을 때 새벽 5시쯤 잠들어 다음 날 오후 2시가 넘어서야 일어나는 패턴이 굳어졌다. 밤낮이 바뀌는 건 생각보다 몸에 많은 스트레스를 안겼다. 처음엔 머리에 하나둘 뽀루지가 나기 시작했다. 가끔 턱이나 이마에 나는 여드름처럼 대수롭지 않게 여겼는데 새벽녘만 되면 가려워 참을 수가 없었다. 자는 새 나도 모르게 긁는 바람에 일어나면 두피에 진물이 나 있기도 했다.

피부과에 가니 의사가 머리 상태를 보자마자 물었다. "도대체 무슨 일을 하길래 이렇게 스트레스를 많이 받아요?" 갑자기 나도 내가 뭐하는 사람인지 모르겠어서 잠시 어물쩍거렸다. 의사는 대단히 안타깝다는 표정으로 말을 이어갔다. "무슨 일을 하는지 모르겠지만 절대 무리하면 안 됩니다. 특히 밤낮이 뒤바뀌면 신체가 엄청난 스트레스를 받아요. 두피에 난 뾰루지를 계속 방치하면 이게 바로 탈모로 진행되는 거예요." 약국에서도 무척 심각한 처방을 본 듯 혀를 끌끌 찼다. 아니, 그냥 밤낮이 바뀐 것 뿐이라고….

첫 프리랜서 도전기를 그렇게 마무리하고 나서 나는 두피 뾰루지 사건 3개월 후에 헤드헌터를 통해 이직에 성공했다. 회사로부터 해방된 자유로움을 느낀 지 8개월 만에 다시 직장인이 되는 길을 선택한 것이다. 돌이켜보면 그때의 프리랜서 생활은 실패할 수밖에 없는 요인들을 잔뜩 껴안고 있었다. 아무 계획 없이 퇴사한 상태에서 하나둘 일이 들어오다 보니 '쉬고 있는데 일이 들어오네'라는 생각으로 맡기로 한 것부터가 패착이었다. 그때는 나이도 어렸고 프리랜서라는 일의 형태가 지금처럼 잘 알려지지 않아서 참고할 만한 사례도 없었다. 또 계획하지 않은 상태에서 갑자기 일이 많아지다 보니 당장 눈앞에 있는 마감을 끝내는 데만 급급했다. 프리랜서 생활을 오래 하고 싶었다면 출퇴근에 비견될 만큼 규칙적인 생활 패턴을 설정했어야 하지만 자고 싶을 때 자고 일어나고 싶을 때 일어나기를 반복하면서 생활 리듬이 완전히 망가졌다. 일도 가려서 받지 않았다. 일이 들어오는 것 자체가 좋고 신기해서 거절할 생각을 미처 못 했던 것 같다. 아무리 유명하고 인지도 있는 매체라 하더라도 원고료를 터무니없이 낮게 부르면 그 일은 거절했어야 했다. 들이는 노력과 시간에 비해 보상이 적은 일들이 늘어나면서 나는 더욱더 빨리 지쳐버렸다.

나는 이후 프리랜서 세계에 발을 담갔다 실패해본 경험을 살려 눈물 없이 볼 수 없는 프리랜서 실패담을 써서 인터넷에 올렸다. 그리고 이 글을 본 한 매체의 기자가 연락을 해와 '"프리랜서, 절대 '프리'하지 않아요" 퇴사 후 프리랜서로 살아남기'라는 제목의 인터뷰를 하기도 했다.(한경앤조이, 2020년 3월 17일). 다음은 인터뷰 기사의 일부를 발췌한 것이다.

유명 잡지의 피처 에디터로 4년을 근무했던 김희성 씨는 퇴사 후 8개월간 프리랜서로 일한 경험이 있다. 그는 첫 프리랜서 생활을 '우아해 보이는 백조의

수면 아래 헤엄치는 다리'라고 회상했다. 프리랜서
는 어쩌면 직장인보다 더 치열한 경쟁과 고민 속에
사는 사람일지도 모른다는 것이 김 씨의 전언이다.

인터뷰가 끝난 후 담소를 나누던 중 담당 기자가 이
런 말을 건넸다. "이번 기획은 프리랜서 되기에 성공한
사람과 회사에 남기로 한 사람을 각 한 명씩 인터뷰하는
건데요. 프리랜서 성공담은 숱하게 많아 인터뷰이를 찾
기가 쉬웠는데 프리랜서에 실패한 사람은 아무리 찾아
봐도 희성 기자님 한 분밖에 없더라고요." 나는 원래 무
서운 게 많은 겁쟁이인데 실패를 하는 용기는 대체 어디
서 샘솟았을까? 또 실패한 얘기를 자랑스럽게 떠벌리고
다니는 밝은 성격은 어디서 비롯되었을까?

결론적으로 8개월 동안의 프리랜서 생활은 실패로
돌아갔지만 그때의 뼈아픈 경험 덕에 프리랜서 시즌 2
는 나름 성공적으로 진행되고 있는 것 같다. 나의 프리
랜서 시즌 1은 두 가지 교훈을 주었다. 첫째, 프리랜서
의 세계는 직장인일 때보다 더 책임감 있고 성실하면서
도 능력을 갖춘 이들만이 살아남을 자격을 부여받는 곳
이다. 둘째, 프리랜서의 세계는 성장을 위한 노력을 게

김희성

을리하는 자에게는 틈을 내어주지 않는다.

무한한 자유가 주어질수록 자기절제가 필요하다는 진리도 그때 이후로 깨달았다. 자기절제라는 단어에서 풍기는 혹독한 수준의 노력이 아닌 항상 건강한 몸과 마음을 유지할 수 있는 소소한 삶의 규칙들이 필요했다. 이를 설정하려면 오랜 시간을 들여 나라는 사람을 세심하게 관찰해야 했다. 이를테면 나의 가장 큰 수확은 최적의 수면 패턴을 발견한 것이다. 자신이 하루에 몇 시간 자는지만 알아도 인생의 많은 것이 달라진다고 했던가. 그동안 '9 to 6'로 살다 보니('9 to 00'일 때가 더 많았지만) 나의 수면 패턴을 실험해볼 시간조차 없었다. 나는 원래 밤 10~12시 사이에 잠들고 알람 없이 오전 6시 40분에 기상하는 사람이었다. 이걸 알게 된 후에는 아무리 산더미같이 일이 쌓여도 자정 전에 꼭 자고 아침 7시 전에 일어난다. 내가 낮잠이 필요한 사람이라는 것도 알게 됐다. 내향형 인간인지라 미팅이 있거나 취재가 있어 밖에 나갔다 돌아오는 날이면 짧게라도 낮잠을 잔다. 그렇게 에너지를 채우고 나면 다시 새로운 뇌로 높은 효율을 낼 수 있다.

프리랜서의 삶을 가능하게 하는 것은 대단한 능력이

아닌 그런 작고 소소한 것들이다. 다른 사람과의 관계에도 작게나마 규칙들을 만들어놓아야 한다. 인터뷰를 끝낸 이후에 짧게나마 감사 인사 전하기, 취재원에게 책 잘 받았냐는 안부 카톡 하기, 촬영장에서 휴대전화로 틈틈이 찍어둔 나만의 스케치컷들 보내주기, 고마운 일이 있다면 아주 작은 선물로라도 마음 표시하기, 상대방의 회사 사정으로 인한 불가피한 급한 부탁은 가능하다면 수용하기, 따스한 말 한마디 해주기 등, 그런 소소한 배려나 최소한의 친절 같은 것들이다. 아무리 다급한 순간에도 그런 여유가 모든 것을 더 낫게 만들어주는 법이니까.

프리랜서가 된 후 일로 만난 사이가 이어져 새로운 기회를 얻기도 하고, 서로에게 든든한 지원군이 되어주기도 한다. 돌이켜보면 회사 다닐 때는 이런 일이 지금보다 많지 않았다. 작지만 단단하게 쌓아 올린 규칙들이 나라는 사람을 여유롭게 만들어주고 그 에너지가 남들을 대하는 태도까지 이어진 덕분이 아닐까 싶다.

김희성

퇴사하기 전 알았다면
좋았을 텐데

언제부턴가 가지 않지만 연초가 되거나 고민이 있을 때 재미 삼아 1년에 한두 번씩 사주를 보러 다니곤 했다. 나의 경우 27세, 37세, 47세처럼 나이 끝이 7일 때마다 운의 흐름이 조금씩 달라지는 모양이다. 어디를 가든 공통적으로 하는 말은 37세부터 내 인생에 대운이 펼쳐진다는 것. 지금까지는 노력에 비해 결과가 잘 나오지 않았지만 그때부터는 뭘 해도 대박 난다는 거다. 점 볼 당시만 해도 서른일곱은 오지 않을 미래 같아서 "지금 당장 잘되고 싶은데요"라고 시무룩하게 말하곤 했는데 드디어 대운의 해가 왔다. 마침내.

사주풀이가 어느 정도 맞는지 서른일곱이 되자마자 이런저런 변화가 많았다. 연초에 갑작스레 이사를 했다. 이전에 살던 곳보다 크기는 작지만 볕이 잘 드는 야무진 집이다. 두 번째 변화는 아마 인생에서 가장 큰 이벤트라고도 할 수 있는 창업이다. 직장인이라면 누구나 한 번쯤 품어본 카페 사장의 로망을 드디어 실현하게 된 것이다. 집에서 일하는 나를 보며 부러워하던 세 살 터울의 여동생이 드디어 퇴사를 실행에 옮겼고, 우리 둘은 한 번도 해본 적 없던 일, 그러니까 현대인의 라이프 스타일에 맞는 새로운 방앗간 문화를 만들고 싶어 로컬 창업에 도전하고 있다. 방앗간이 메인이고 그 문턱을 낮추는 장치로 카페를 열기로 한 거라 어쩌다 가게 두 개를 동시에 준비하고 있다.

장사는 처음이라 하나부터 열까지 모르는 것투성이다. 이렇게 결정할 게 많은지도 미처 몰랐다. 미리 알았다면 못했겠다 싶을 정도로 사소한 것 하나하나 고민하고 알아봐야 한다. 회사에서는 부서가 나뉘어 있고 각자 담당하는 것도 다르니 같은 프로젝트라도 1부터 10까지 모든 것을 한 사람이 결정하고 실행하지 않는다. 그런데 지금은 동생과 나 둘이서 네이밍부터 메뉴 개발, 인테리어 업체 선정, 머신과 집기 등 온갖 발주까지 다 해내야 한다. 어디 그뿐인가. 화장실 타일 무늬를 고르고 의자와 테이블 놓을 자리를 결정하는 것까지 모든 과정이 온전히 우리의 몫이다.

인생은 멀리서 보면 희극, 가까이서 보면 비극이라고 했던가. 남들이 보면 뚝딱뚝딱 잘 해내는 것 같지만 한 번도 해보지 않은 일들을 하다 보니 포기하고 싶은 순간이 자주 찾아왔다. '한정된 예산으로 괜찮은 인테리어 업체를 찾으려면 어떻게 해야 하지?', '로고 디자인은 어떤 식으로 해야 효과적일까?', '온라인 판매는 어떻게 하지?', '그전에 사업자 등록을 하려면 브랜드 이름부터 지어야 하는데 마땅한 게 왜 안 떠오를까?' 10년 조금 넘게 회사 생활을 하며 나름대로 산전수전 겪었다고 생각했는데 그래도 모르는 게 이렇게나 많다. 매번 구글과 유튜브를 스승 삼아 어찌어찌 하나씩 처리해나가고 있다.

난생처음 나의 브랜드를 만들고 매일 우당탕하면서 동생과 가장 많이 하는 말은 "회사 다닐 때가 그나마 꿀이었네"라는 것이다. 만약 잡지사에서 카페를 연다면 어떨까? 나 같은 에디터는 네이밍, 브랜딩 스토리 작성, SNS 콘텐츠 제작을 맡을 것이고, 마케팅팀에서는 이벤트 팝업 스토어를 열 듯 카페 인테리어 발주를 담당할 것이며, 디자이너는 로고를 만들고 간판, 배너, 메뉴판을 제작했을 것이다. 물론 더 세분화되어 있지만 크게는 이 정도로 업무를 분담해서 진행할 수 있다. 여기서 딱히 전문가가 없거나 분담하기 어려운 업무들은 서로 나눠서 하게 될 테지만.

뭐가 뭔지 하나도 모르겠지만 일단 매일 뭐라도 하고 있다. 최근에 몰두하고 있는 일은 인테리어 시안을 찾으며 우리가 추구하는 방향성의 공간을 기획해나가는 것이다. 어느 회사에서 가게를 연다고 치면 인테리어팀 담당자가 절차대로 공사를 진행했을 테니 순탄하게 진행되었을 거다. 하지만 우리는 어떻게 하는지 아예 모르기 때문에 일의 순서와 규칙을 내가 알아서 만들어나가고 있다. 인스타그램을 보다가 영감을 주는 공간이나 닮고 싶은 분위기의 로케이션을 발견하면 일단 저장하거나 캡처하고 본다. 그런 식으로 데이터가 쌓이다 보니 내가 원하는 공간이 어떤 분위기인지 파악하게 됐다. 궁금한 것도 그때그때 찾아보는데, 친한 카페 사장님이나 최근 인테리어 발주를 해본 지인들을 만나면 경험담을 공유해달라고 부탁한다. 그렇게 애쓴 덕분에 도무지 손에 잡히지 않던 일도 조금씩 선명해지기 시작했다. 외계어처럼 들리던 전문 용어도 자연스러워졌고, 현장에서 인

김희성

테리어 업체 대표님과 견적 이야기를 나눌 때도 어느 정도 대화가 통하는 것 같아 속으로 뿌듯했다. 만약 나중에 다시 회사를 다니게 되면 이전보다 더욱 쉽게 주도적으로 일을 잘할 수 있을 것 같단 확신이 든다.

이제 와 생각해보니 '회사에서 이런 일도 해볼 걸' 하는 아쉬움도 있다. 내가 맡은 일만으로도 바빠 죽겠는데 이런저런 일이 더해지는 게 싫어 소극적으로 행동했던 날들도 떠오른다. 다행인 건 내가 주어진 일만 하는 직장인은 아니었다는 것이다. 새로운 영역에 발을 담가보는 걸 좋아하는 기질이 있어 아무도 시키지 않은 일이지만 자발적으로 일을 만들어서 했다. 예를 들어 누가 요청하지 않는데도 영상 편집을 독학해 지면 화보를 짧은 예고편으로 만들었다. 또한 신간 리뷰를 담당할 땐 출판사와 직접 소통해 단행본 증정 이벤트를 진행하기도 하고, 오프라인 클래스를 위해 강연을 기획하고 연사를 섭외하여 커뮤니티의 장을 열기도 했다. 그때는 미래가 이리 될 줄 모르고 그저 마음이 이끄는 대로 행동했을 테지만.

어찌 됐든 익혀놓은 다방면의 노하우는 신기하게도 언젠가 꼭 쓸 일이 생긴다는 것이 인생의 법칙. 지금 알고 있는 걸 그때도 알았더라면 지난 10년간의 회사 생활에서 더 많은 것을 얻고 배울 수 있었을 것이다. 사람은 주어진 기회를 떠나보내고 나서야 자신이 무엇을 해야 할지 깨닫는 존재인가 보다.

내가 일잘러였다는 걸
프리랜서가 되고 알았다

공교롭게도 다니는 회사마다 우리집과는 아주 먼 거리에 위치한 탓에 편도 1시간 반, 다시 말해 하루에 3시간을 대중교통에서 보내곤 했다. 에어팟이 없으면 도무지 버티기 어려운 퇴근길 지옥철에서 유튜브와 넷플릭스로 꾸역꾸역 그 시간을 참아내며 집으로 향했다. 신입 시절에는 매일 퇴근 이후에 약속을 잡을 정도로 쌩쌩했는데 10여 년을 이렇게 출퇴근하다 보니 점점 누군가를 만날 기력이 사라졌다. 기진맥진할 것 같은 몸과 정신을 간신히 부여잡고 지옥철에 오르는 날이 대부분이지만 그 와중에도 가끔은 퇴근길 발걸음이 가볍게 느껴질 때가 있다. 퇴근 후 요가 수업을 들은 날이 그렇다. 각자 자신만의 사투를 벌이고 온 때문인지 지하철에 몸을 실은 사람들에게선 어둡고 찌든 기운이 풍긴다. 평소와는 달리 요가 수업을 마친 날에는 그걸 눈치채는데, 아마도 요가로 하루의 잔해를 털어내서 남들보다 에너지 레벨이 높아진 덕분인 것 같다.

회사에서 독립해 프리랜서로 일하는 건 어떠냐는 질문을 많이 받는다. 하고 싶은 말은 많지만 매번 자세히 설명할 수는 없으니 "음, 일단 너무 좋은데요. 좋고요. 좋아요." 식으로 대답하고 만다. 그런 질문을 받을 때마다 가장 먼저 떠오르는 건 퇴근길 지하철에서 나만 에너지 레벨이 달랐던 느낌이다. 세상은 여전히 똑같이 흘러가는데 나만 무언가로 진화한 기분 말이다. 무라카미 하루키의 소설 『1Q84』에는 한 터널을 통과한 후 달이 두 개 뜨는 세상에 살게 된 아오마메의 이야기가 나온다. 마찬가지로 모든 것이 똑같이 흘러가는데 나의 세계만 미묘하게 달라진 것 같다. 퇴사를 한 이후 회사에 다닐 때는 보이지 않던 것들이 보인다. 새로운 버전의 내가 탄생한 기분이다. 여섯 번째 감각이 깨어나는 것 같달까.

회사에 다닐 때도 일을 만들어서 하긴 했지만 내가 이렇게 일 욕심이 많은지는 미처 몰랐다. 프리랜서가 된 후로 더욱 주도적으로 일하다 보니 밥 먹는 것도 잊은

김희성

채 일에 몰두하기도 하고 이만하면 쉬어도 되는데 집요하게 결과물을 수정한다. 그동안 몰랐던 새로운 모습이다. 예상치 못한 기회가 주어지고 그럴 때마다 망설이는 대신 두렵더라도 일단 도전한다. 한마디로 정의할 수 없는 다양한 분야의 일을 하기도 한다. 명사들을 인터뷰하거나 연애 칼럼을 쓰고 비주얼 디렉팅을 한다. 여행 잡지와 아트 잡지에 글을 기고하기도 한다. 그 외에도 외국인이 배우는 한글 교과서를 편집하는 편집자, 라디오에 나오는 CM송 가사를 쓰는 카피라이터, 대학생에게 글쓰기를 가르치는 강사, 지역 콘텐츠를 만드는 로컬 크리에이터 등 접점이 있는 다른 분야로 업을 무한히 확장해나가고 있다. 방앗간 카페 창업은 프리랜서로 일하며 얻은 자신감을 바탕으로 인생의 반경을 확장하고 싶은 의도였다. 내가 카페 사장이라니, 내가 방앗간 주인이라니, 내가 창업이라니 하면서 매일매일 신기해하는 중이다. 회사에 계속 다녔다면 절대 일어나지 않았을 일들이 펼쳐지고 있는 것이다.

직장인이라면 한 번쯤 프리랜서를 꿈꾼다. 많은 사람이 도전적이고 대담한 성격이 프리랜서 체질이라고 생각할 테지만, 오히려 나처럼 걱정 많고 소심한 스타일이 더 유리한 면도 있다. 불안정한 프리랜서의 삶을 어떻게든 안정적으로 만들기 위해 고군분투하고, 그 불안이 자신의 한계를 뛰어넘어 성장하게 돕기 때문이다. 스스로 명함을 만들어나가야 한다는 생각에 인생에 대한 책임감도 커진다. 한 줄로 설명 가능한 타이틀을 떼어내고 나라는 존재로 나를 증명하기. 계속 프리랜서로 살든, 이다음에 다른 회사로 이직하거나 사업을 시작하든 이 과정을 한번 겪어본 사람이 이후의 차이를 만든다고 믿는다.

새로운 일에 무작정 도전하다 보니 그동안 알지 못했던 내 안의 재능도 하나둘 채굴되고 있다. 난생처음 해보는 일들 앞에서는 스트레스도 많이 받지만 하나하나 퀘스트를 수행하듯 '이런 것도 할 줄 아네?', '여기까지 할 수 있네?'를 매일 깨닫고 배워가는 중이다. 요즘에는 커피 공부를 하고 있는데 커피 맛을 구분하고 표현하는 능력이 남들보다 뛰어나다는 것을 깨달아 매일 놀라고 있다. 커피를 잘 내리는 바리스타도 중요하지만 맛을 잘 보는 사장이 더 중요하기도 하니까. 아마 평소 파인 다이닝 레스토랑이나 맛집 취재를 하며 단련된 감각과 어휘도 도움이 됐을 터다. 그동안 해온 모든 일이 돌고 돌아서 이렇게도 연결되는구나 싶다.

매달 도저히 해낼 수 없을 것 같은 양의 일을 해내다 보니 일에 대한 역치도 점점 올라가고 있다. 회사에 다닐 때는 다달이 업무를 배정받는다. 평소보다 많거나 적을 때도 있지만 매월 비슷한 수준이다. 프리랜서는 일을 하고 싶어도 일이 없으면 못한다. 일이 많을 때는 도저히 혼자 쳐낼 수 없을 만큼 한없이 많다. 사람이 이 이상 일을 할 수 있을까 싶은 달이 지나고 다음 달이 되면 더 많은 일을 하고 있는 나를 발견하게 된다. 이제 무슨 일이든 잘해낼 수 있을 것 같다. 믿을 구석 하나 없이 홀로 부딪치고 구르며 얻은 자신감이다.

애매한 재능

AM 4:30. 알람도 없이 이 시간에 번쩍 눈을 뜬다는 건 내게 써야 할 원고가 있기 때문이다. 밖은 동틀 기미도 없이 캄캄하고 간헐적으로 지나다니는 청소차 이외에는 생활감이 묻어나는 소리가 거의 들리지 않는다. '인적 드문 고요한 밤'이라는 표현은 바로 이런 때를 두고 하는 말이었구나 하고 새로운 깨달음을 얻으며 거실로 나가 컴퓨터 본체의 전원을 누른다.

'웨애엥' 새벽 4시 30분의 시공간은 세상의 소음과 동떨어져 있어 컴퓨터 본체 돌아가는 소리가 마치 우주선을 작동시키는 급이다. 영화 속에서 수천 년간 잠들어 있던 고대 유물을 주인공이 실수로 툭 건드렸을 때 동굴이 재정렬되는 듯한 굉음이다. 오랜 잠에서 깨어난 듯한

김희성

소리와 달리 본체에는 아직 미세한 온기가 남아 있다. 그도 그럴 것이 이 컴퓨터는 웬만해선 오래 꺼져 있지 않는다. 원고 마감이 몰려 있는 시기에는 더더욱.

수없이 원고를 토해내야 하는 게 직업인 만큼 피아니스트가 건반을 두드리는 듯한 리듬으로 금세 글을 써낼 것이라 생각하는 사람이 많다. 하지만 여전히 공백이 가장 무섭다. 하얀 워드 창에 커서만 깜빡일 때, 대면하고 싶지 않은 과거의 트라우마를 억지로 마주해야 하는 사람처럼 초조해지곤 한다. 내게 주어진 시간은 얼마 없고 써야 할 원고는 산더미인데 어떤 말부터 써 내려가야 할지 도무지 모르겠다. 눈앞에 주어진 순간을 회피하고 싶어 책상 앞에 앉았다가도 다시 침대 위로 풀썩 다이빙하기도 한다.

"좋아서 하는 거잖아요. 억지로 해야 하면 이렇게 못 하죠." 백지의 공포를 잠재우려 유튜브를 보다 마주한 김태호 PD의 말이 가슴을 때린다. 얼마 전 동료들과 밥을 먹다 '그동안 우리보다 더 바쁜 남친은 못 만나봤다'는 자조 섞인 이야기를 하기도 했는데, 내 인생엔 일밖에 없다 느껴질 정도로 극한 스케줄에 스스로를 몰아붙일 때도 많지만 그럼에도 어마어마한 강도의 노동을 버텨낼 수 있는 건 '좋아하는 일'이라는 단 하나의 이유 때문일 것이다.

내가 하는 일을 다양한 방식으로 정의할 수 있겠지만 현 시점에서 나의 일을 재정의해본다면 '시간을 붙잡아 인류의 이야기를 기록하는 일'이라고 말하고 싶다. 사람들이 지금 무슨 생각으로 어떤 일들을 하고 있는지, 어떤 것을 좋아하는지 등, 휘발될지도 모를 이야기를 낚아채 나의 관점으로 기록한다. 굳이 내가 아니라도 이 역할을 할 사람은 많겠지만 나의 버전으로 기록이 하나 더 남는다는 사실이 못내 뿌듯하다. 내가 아니었다면 영영 세상에 나오지 않았을 누군가의 이야기들도 있으니 말이다. 포털사이트 메인에 내가 작성한 보도자료가 며칠 걸려 있을 때나 밤새 쓴 기사가 실린 잡지들이 서점 매대에 한가득 깔려 있는 걸 볼 때면 세상에 작게나마 화두를 던지고 뉴스를 생산하는 사람이라는 은근한 자부심이 든다.

그럼에도 백지 앞에서 나는 매번 작아지고야 만다. 재능이 없는데 꾸역꾸역 이 일을 하고 있는 건 아닌지 하는 의심도 자주 든다. 어쩌면 내가 정말 잘할 수 있는 천직이 따로 있지 않을까 싶기도 하다. 마음 한구석에 품고 있던 이런 의문 때문에 잡지가 아닌 아예 다른 업계의 회사에 면접을 보기도 했다. 그동안 일하던 분야와 다르지만 접점이 있고 이름만 대면 알 만한 대기업과 한 번쯤 가보고 싶었던 회사도 있었기에 그때만 해도 새로운 회사에 다니고 싶은 마음이 컸다. 그런데 불행인지 다행인지 최종 면접에서 떨어지거나 채용 조건 중 하나가 안 맞아서 무산되는 바람에 결과적으로는 아무 데도 합격하지 못했다.

지금에 와 생각해보면 그 모든 일은 나에게 너무도 다행스러웠다. 모든 곳에 불합격했기에 혼자 일하는 기쁨을 알게 되었으니 말이다. 하지만 그때는 모든 게 불행하게 느껴져 '왜 나만 안 될까?' 하는 생각에 사로잡혀 있기도 했다. 내가 혼자서 얼마나 부지런히 일을 잘 해낼지도 그때 알 수 없었고 어떤 기회가 주어질지도 미지수였다. 모든 면접에서 떨어지고 나서는 미래 계획이나 이렇다 할 목표 없이 주어지는 일들을 바삐 하며 지냈다. 그중에는 난생처음 해보는 일들도 꽤 있었다. 그러면서 미처 몰랐던 내 안의 워커홀릭 기질까지 발견하며 나라는 사람을 알아가느라 정신없이 시간을 보내기도 했다.

나에게는 명확하게 '장기'라고 할 만한 재능이 없다. 하지만 나는 '다양한 카테고리의 분야를 두루두루 남들보다 깊이 알고', '어떤 일이든 처음 해보는 것도 재빠르게 파악해 핵심을 읽어낼 줄 알고', '순수한 관심으로 돈을 쓰고 경험하는 일들이 머지않아 세상의 트렌드가 되는 조금 신기한 능력을 가진' 사람인 것 같다. 늘 무언가에 도전하고 싶은 마음도 곧 재능이라는 것을 알기에 지금은 어느 한곳에 소속되지 않고 매번 새로운 미션을 해나가는 프리랜서가 나의 체질인 것 같다. 애매한 재능 때문에 앞으로도 다양한 것에 도전하며 살아가겠지. 물론 백지의 공포 앞에선 악마의 재능을 부러워할 테지만 마감 앞에서는 미야자키 하야오도 담배를 입에 물고 머리를 감싸쥐지 않던가. 애매한 재능이 열어줄 수많은 멀티버스 속 나를 더욱 기대해보기로 했다.

김희성

전국노래자랑에
나갔는데요

    뭐라도 한몫하고 싶어 호시탐탐 기회를 엿보지만 할 줄 아는 게 많지 않아 혼자 분주한 신입 에디터 시절엔 작은 박스 기사 하나도 매우 소중하다. 이를테면 영화 평론 기사 한편에 조그맣게 붙는 '이달에 개봉하는 신작' 기사 같은 것들. 작디작은 기사를 고치고 또 고치며 영혼을 갈아 넣곤 했다.

    〈전국노래자랑〉에 나갈 생각을 한 것 역시 '한 꼭지라도 더 하고 싶다'는 마음이 시작이었다. 보도자료를 토대로 쓰는 단신이나 작은 박스 기사 말고 존재감을 당당히 발휘하는 기사를 쓰고 싶었다. 그러려면 일단 기획안이 통과되어야 한다. 머리를 쥐어뜯으며 기획안을 쓰던 어느 일요일 낮, 백반집 TV에서 나오는 〈전국노래자랑〉을 보다가 좋은 생각이 떠올랐다. '전국노래자랑 체험기를 써보는 건 어떨까?' 예심부터 본선까지 직접 도장깨기를 하며 무대 뒤편에서 일어나는 흥미로운 일들과 합격 꿀팁을 생생하게 전하는 것이다. 왜 일요일 낮 대부분의 식당에서는 〈전국노래자랑〉을 보는지, 나는 어쩌자고 그걸 보고 직접 나가볼 생각을 했는지…. 여러 우연이 겹치고 겹쳐 정신을 차리고 보니 어느덧 '전국노래자랑 마포구 편' 예심을 앞두고 있었다.

예심 당일, 나는 당시 가장 좋아하던 하늘색 원피스를 차려입고 예심 장소인 체육관에 갔다. 내 차례를 기다리며 참가자들의 무대를 지켜보았는데 웬만한 개그 프로그램은 저리 가라 할 정도로 웃긴 사람들이 다 나온 것 같았다. 심지어 집에서 말리던 고추를 새끼줄로 하나하나 감아 온몸에 칭칭 두르고 온 참가자도 있었다. 그 사이에서 나는 '저 사람 노래 진짜 잘하나봐' 싶을 정도로 아무것도 준비한 게 없었다. 유일한 장기인 '귀 움직이기'를 선보이거나 걸스힙합 학원에서 갈고닦은 춤이라도 춰야 하나 고민하는 사이 나의 참가 번호를 호명하는 안내자의 목소리가 들렸다.

다행히 심사위원 선생님이 질문을 하나 해주긴 했다.

지원서 직업란의 '잡지 기자'를 보고 어느 매체의 기자냐고 물어본 거다. 나는 조금이라도 관심을 받고 싶어 호기롭게 대답했다. "어디 소속인지는 합격하고 나서 말씀드리겠습니다!" 그리고 준비해간 노래를 시작했다. "마주치는 눈빛이~ 무엇을 말하는지이~~ 난 아직 몰라! 난 정말 몰라! 가슴만 두근두근~ 아아 사~~랑인가봐아~" 노래를 채 마치기도 전에 '땡' 하는 소리가 체육관에 울려 퍼졌다. 아마 길어봐야 5초 컷이었던 것 같다. 자연히 나의 소속을 말할 기회도, 야심 찬 체험기를 쓸 지면도 사라졌다. 〈전국노래자랑〉에서 목격한 독특한 참가자들 이야기 외에는 이렇다 할 소재가 없었기 때문이다.

대체 무슨 자신감으로 그렇게 어마어마한 무대에 나갈 생각을 했을까? 본선 진출은 어떻게 장담했던 거지? 지금 생각하면 너무 해맑았다. 요샛말로 '대가리 꽃밭'이 바로 나였다. 뭐라도 하고 싶은 마음이 커 모든 걱정을 이겨내버린 게 아니었을까. 그날의 기억은 그 후로도 몇 년 동안 가끔 방구석 이불킥을 하게 했지만 용감하게 도전한 패기와 순수한 열정은 지금까지도 마음 깊은 곳에 남아 있다.

어떤 일을 감행하려고 할 때 이런저런 걱정으로 망

설이다 실행하지 못하는 경우가 더 많다. 현재가 마음에 들지 않지만 그렇다고 변화를 시도하기에는 두려울 때 '막무가내 정신'은 꽤 유용하다. 그렇지 않으면 걱정과 불안에 잠식되어 경계선 밖으로 도저히 발을 내딛지 못하게 될 가능성이 크니까. 두근거리는 마음으로 새로운 세상의 문을 열려고 할 때, 온갖 마음의 소리가 우리를 괴롭힌다. 지금 선택으로 혹시 돌이킬 수 없을 정도로 추락해버리지 않을까, 아무도 나를 찾지 않아 사회에서 고립되어버리는 건 아닐까, 이대로 망해버리는 게 아닐까…. 최악의 상황을 머릿속에서 시뮬레이션하다 보면 도전 자체가 무모할지도 모른다는 결론에 쉽게 다다를 수 있다.

10년 넘게 지속하던 직장 생활을 마감하고 프리랜서로 독립할 수 있었던 것 또한 수많은 걱정과 고민에도 '일단 실행' 버튼을 누른 덕분인 것 같다. 번아웃이 온 상태로 회사를 꾸역꾸역 다니고 있을 때, 퇴사 이후의 삶을 아무리 머릿속으로 그려봐도 폐허만 남은 디스토피아가 끊임없이 재생됐다. 퇴사 고민을 털어놓았을 때 주위에서 하던 이야기도 두려움이 증폭되는 데 한몫했다. "계속 회사 다니면 편할 텐데 굳이 왜 제 발로 걸어나가?", "지금 밖이 얼마나 추운지 알아? 코로나 때문에 일도 없대", "사십 대 중반까지는 회사에 다니는 게 좋지 않아? 지금 회사를 그만두면 너무 어중간해", "준비는 단단히 했니? 퇴사하기 전에 월급 정도의 부수입을 최소 3개월 이상 만들어놔야 안전하댔어." 자기 자신을 보호하기 위한 말인지, 나를 위한 충고인지 모를 무시무시한 말들 속에서 나의 용기는 점점 희석되어갔다. 아무리 깨어나도 여전히 꿈속인 악몽의 한 장면처럼 이렇게 고민만 하다간 불안에 잠식되어 영원히 블랙홀 주변만 맴돌 것 같았다. '그래, 일단 저질러보자. 무작정 〈전국노래자랑〉에 나갔던 그때처럼.'

아참, 〈전국노래자랑〉에 얽힌 재미있는 후일담이 있다. 몇 년 뒤 다른 매체로 이직하고 나서 웹툰 〈생활의 참견〉을 연재하고 있던 김양수 작가님과 인터뷰를 한 적이 있는데, 인터뷰 후에 이런저런 이야기를 나누다 〈전국노래자랑〉 예심에 나간 썰을 풀게 됐다. 그 이야기를 들은 작가님은 너무 재미있다며 〈생활의 참견〉의 한 에피소드로 그때의 일을 그려주셨다. 댓글의 반응도, 지인들의 반응도 키득키득. 가히 폭발적이었다. 비록 체험기는 망했지만 덕분에 길이길이 기억될 재미있는 추억과 만화가 남았다. 우리가 저지르는 무모한 일들이 모두 계획대로 되진 않겠지만 적어도 하지 않는 것보단 낫다. 결국 무모한 도전이 모든 것을 가능하게 하니까, 비록 실패한다 해도 추억으로 남을 테니까.

김희성

숨 쉬어,
호흡해

프리랜서가 되고 나서 매달 조금씩 일이 불어나기 시작했다. 6개월쯤에는 잠자는 시간 빼고 일만 해도 모자랄 정도가 됐고 끼니는 모두 배달 음식으로 대신했으며 운동은 사치가 되어버렸다. 내가 할 수 있는 역치를 넘어선 일의 무게에 짓눌려 바쁘다는 푸념조차 나오지 않을 정도였다.

그렇게 몇 달을 반복하던 어느 날 아침, 등이 나무판자처럼 딱딱하게 굳어 움직일 수 없었다. 한의원을 가도 차도가 없고 그다음 날은 목을 스스로 가누지 못할 정도로 악화됐다. 누워 있는 것을 제일 좋아하는 내게 눕는 자세가 가장 큰 고통이 되어버린 것이다. 정형외과에 가서 전기 고문에 가깝다는 체외충격파 치료를 두 번이나 받고 나서야 겨우 회복할 수 있었다. 목을 가누지 못하는 것의 공포를 느껴본 이후로 나는 이렇게 일해서는, 아니 이렇게 살아서는 안 되겠다는 생각이 들었다. 한번은 마감이 몰린 시기에 심하게 몸살이 났는데, 가만 생각해보니 운동 효율과 체지방 연소를 끌어올려준다는 부스터를 먹고 내가 할 수 있는 능력치보다 과도하게 운동을 한 탓이었던 것 같다.

땀이 비 오듯 쏟아지고 한 발도 떼기 어려울 정도로 체력이 고갈돼 있는 힘을 쥐어짜야 할 때, 〈사이렌: 불의 섬〉 출연자들이 서로에게 가장 많이 하는 말은 "조금만 더"가 아닌 "숨 쉬어, 호흡해"다. 〈피지컬: 100〉에서 "아저씨 무시하지마"라는 밈을 탄생시킨 추성훈도 자기 팀원들에게 계속 심호흡할 것을 주문한다. 모두가 힘을 합해 아무리 용을 써도 들리지 않는 무게를 옮길 때도 젖 먹던 힘까지 다하라는 말 대신 숨을 고르라고 말한다. 이처럼 서로가 앞으로 나아갈 수 있도록 독려하는 이들은 정신 차리라고 말하는 대신 오히려 한 템포 멈춰 숨 고르는 것의 중요성을 일깨워준다.

육체적으로 힘을 써야 할 때뿐 아니라 마감이 코앞에 닥쳐 1분 1초가 아쉬운 상황에서도 숨 고르기는 중요하다. 프리랜서 6개월 차에 닥친 몸의 고장으로 숨 쉬기의 중요성을 여실히 깨달은 나는 폐허를 정리하는 마음으로 일상을 하나하나 정비하기 시작했다. 우선 업무 환경부터 바꿀 필요가 있었다. 식탁 의자와 노트북을 치우고 힘들게 번 고료를 투자해 허먼밀러 의자와 무접점 키보드, 와이드 모니터를 샀다. 헬스장에 가서 PT 수업도 등록했다. 비용과 시간 측면에서 비효율적이고 나와 결이 맞지 않아 큰 스트레스가 됐던 일도 정리했다. 일주일에 두 번 PT 수업을 잡아두니 아무리 바쁜 일이 있어도 그 시간만큼은 어떻게든 자리를 박차고 나가 운동을 하게 됐다. 나트륨 가득한 배달 음식 대신 탄단지를 고루 갖춘 건강하고 신선한 음식도 챙겨 먹는다. 마감 기간에 새벽 3~4시까지 원고를 쓰던 패턴을 바꿔 아무리 바쁠 때도 앞서 말했듯이 자정 전에는 컴퓨터를 끄고 침대로 간다.

해야 할 일이 산더미 같아도 스스로를 몰아붙이는 대신 중간중간 쉬어가니 오히려 해낼 수 있는 것이 많아졌다. 물론 여유롭게 일할 수 있게 된 배경에는 숨 고르기만 있지 않다. 나의 한계를 뛰어넘는 수준의 일에 끊임없이 도전하고 이를 여러 번 해낸 적이 있기 때문이다.

운동을 해보니 일을 해내는 힘을 키우는 원리는 체력을 올리는 원리와 근본적으로 비슷하다. 체력을 기를 때도 중요한 건 인터벌 트레이닝. 처음부터 끝까지 같은 속도로 달리는 것보단 숨이 턱에 닿을 정도의 빠른 속도로 1분 달리다 보통 속도로 3분 걷는 식으로 반복하다 보면 심폐지구력이 눈에 띄게 향상된다. 근성장을 할 때도 도저히 못 들 것 같은 무게에 한 세트라도 도전하는 게 도움이 된다. 매번 같은 무게만 들면 거기서 머무른다.

자신의 한계를 직면하지 않으면 능력치가 높아질 수 없다. '나의 적은 어제의 나'라는 말처럼 자신의 에너지와 집중력을 최대한 끌어다 불가능해 보이는 일을 해낼 때 한 계단 더 성장한다. 그러다 포기하고 싶은 마음이 강하게 들 때쯤에는 잠시 멈춰 운동화 끈을 고쳐 메며 숨을 고르는 것이다.

김희성

난 슬플 때
데드리프트를 해

프리랜서 하길 가장 잘했다고 느낄 때는 한낮에 여유롭게 운동할 때다. 평일 오후의 헬스장은 무척 한갓져서 언제든 원하는 기구를 이용할 수 있다. 퇴근 시간에 사람들로 가득 미어진 헬스장에서는 상상도 못할 일이다. 남들은 일하는 시간에 운동한다는 묘한 쾌감도 있다.

나는 점심 먹고 나른한 기운을 카페인으로 억지로 쫓으며 오후 업무를 시작하는 대신 근력을 키운다. 아주 열심히는 아니지만 꾸준히 운동한 덕에 군살이 빠지고 안색도 맑아졌다. 속도는 느리지만 정석대로 운동과 식단을 병행하다 보니 근력은 지키면서 체지방을 6킬로그램이나 걷어낼 수 있었다. 몸의 배터리만 닳게 만드는 불필요한 체지방이 사라지니 자연히 체력도 올라갔다.

만성피로를 달고 다닌 직장인 시절과는 달리, 하고 싶은 일을 더 많이 해낼 수 있는 상태가 됐다.

팬데믹이 막 시작되던 때, 지금 그만두면 일자리는 없을 거라는 주위의 만류를 뿌리치고 사직서를 내고야 말았다. 회사도 안 가니 대부분의 시간을 집에서 보냈는데 너무 답답해 딱 한 번 전시를 보러 나갔다 그만 오미크론에 감염됐다. 생전 처음 겪어보는 아픔이 엄습했고 약을 먹어도 차도는 없었다. 약이 제 할 일을 못하고 몸을 그대로 통과해버리는 기분이 무섭고 낯설었다. 후유증으로 시각에 이상이 생겼는지 격리 기간이 끝나고도 한참 동안 속이 울렁거려 모니터를 1분도 볼 수 없었다. 원고를 쓸 수 없으니 이대로 영영 직업을 잃게 되지 않을까 두렵기도 했다. 아픔이 가시고 나서도 몸이 좀체 회복될 기미를 보이지 않아 외출하면 다른 사람과 나의 에너지 레벨이 현저히 다른 것이 느껴질 정도였다. 퇴사후 처음으로 몸과 마음이 바닥을 치고 있었다.

운동을 그렇게 싫어하던 내가 뭐라도 해야겠다 싶어 헬스장을 찾은 건 그때였다. 집 주변 헬스장을 검색해 방문하니 운동하러 온 목적은 무엇이며 운동할 수 있는 시간대는 언제인지 등 이런저런 질문이 이어졌다. "전살을 빼러 온 게 아니라요, 코로나에 걸렸는데 도무지 컨디션이 회복되지 않아 건강을 되찾고 싶어서 왔어요. 다이어트에는 관심 없고요, 그저 체력을 키우고 싶을 뿐이에요"라고 구구절절 말했던 것 같다. 그 내용을 요약해보면 "살려주세요"라는 한마디가 아니었을까 싶다.

바닥난 몸과 마음을 추스리기 위해 시작한 운동은 예상치 못한 이득을 가져다줬다. 일단 체력이 좋아졌다. 운동을 시작하기 전에는 매일 아침 일어나는 것이 고통스러울 정도였다. 가뿐하게 일어난다? 한 번도 느껴보지 못한 기분이었다. 피곤하지 않은 날이 언제인지 기억나지 않을 정도로 만성피로가 극심해 인간의 몸은 원래 이렇구나 여겨왔다. 그런데 지금은 알람 없어도 아침 7시가 되기 전에 눈을 번쩍 뜬다. 체력이 좋아지니 예전보다 강도 높게 일을 해도 거뜬하고, 하고 싶은 일을 더 많이 할 수 있는 상태가 되었다. 요즘 월화수는 서울에서 회사로 출근하고, 목금토일은 안동에 있는 방앗간 카페에서 일하는데 예전 체력이라면 절대 불가능한 스케줄이었을 거다.

운동이 체력만 길러주느냐 하면 그건 아니다. 아무리 심약한 사람도 무엇이든 해낼 수 있는 상태로 만들어준다. 흔히들 이야기하는 자기효능감, 회복탄력성을 기르게 되는 것이다. 어떤 삶이 쉽겠느냐만은 프리랜서의 삶 또한 막막하고 눈앞이 캄캄해질 때가 많다. 나는 무섭고 불안한 날일수록 모니터 앞에 가만히 앉아 있지 않고 주섬주섬 운동화를 신고 헬스장으로 간다. 바닥에 놓인 어마무시한 무게의 바벨을 들어 올리고 두 발로 고중량의 무게를 밀다 보면 아까 책상 앞에서 했던 고민 따위는 별것 아닌 듯이 느껴진다. 이 무게도 드는데 그 일쯤이야. 어느새 나를 짓누르던 불안의 무게는 가벼워지고 무엇이든 해낼 수 있는 자신감이 생긴다.

운동하며 배운 것이 있다면 세상의 모든 일은 무게를 들 듯 한 번에 하나씩 해내다 보면 어느새 해결된다는 사실이다. 헬스인들 사이에서 'Fucking Leg day'라고도 불리는 지옥의 하체 운동날에도 '한 개만 더, 두 개만 더' 하다 보면 개수를 다 채우고도 힘이 남을 때가 많다. '1세트에 15회! 1세트에 20회!'라는 횟수에 압도되지 말고 그저 지금 눈앞에 있는 무게를 하나씩 들기만 하면 된다. 그날의 컨디션과 자신의 몸 상태를 잘 알고 강도를 적절히 조절할 줄 아는 지혜도 필요하다. 인생의 진리를 하나 더 깨달은 나는 해야 할 게 많아 오히려 아무

것도 해내지 못하는 중압감에 시달릴 때면 지금 할 수 있는 가장 쉬운 것부터 하며 체크리스트를 하나씩 줄여 나간다. 그러다 보면 나를 짓누르던 불안도 조금은 사라지고 중요한 일을 해낼 수 있는 상태가 된다.

그렇다고 해서 새벽 4시 반에 테니스를 치는 안나 윈투어나 매일 새벽 5시 30분에 달리기를 한 후 집필을 시작하는 무라카미 하루키처럼 운동으로 하루를 여는 건 아니다. 요즘도 레깅스를 입고 밖에 나가기까지 수십 번 넘게 '가지 말까?' 번뇌하지만 어찌 됐든 가장 중요한 건 역시 포기하지 않는 마음이다. 하기 싫을 때는 대충 하더라도, 능력을 100% 발휘할 수 없을 때는 쉬어가더라도 계속 나아가기만 하면 어떻게든 된다. 사랑은 또 다른 사랑으로 잊는다고 했던가. 산적한 할 일의 무게를 또 다른 무게로 잊는다는 것이 웃프기도 하지만 지금까지 내가 발견한 치부책 중에선 가장 효험이 있다.

다이내믹이
체질

요즘 들어 방앗간 카페 창업 준비로 안동과 서울을 오가는 일이 잦아지고 있다. 5일은 도시에서 살고 2일은 시골에서 지내는 '오도이촌'이 최근 트렌드 키워드라는데 요즘 나의 생활은 '오촌이도'에 가깝다.

퇴사 직전에 나는 겨울 내내 시골 곳곳에 자리한 오래된 집과 땅을 보러 다녔다. 교통 체증으로 자동차가 가득한 겨울의 언주역 한가운데서 새벽까지 끝나지 않는 마감을 하는 틈틈이. 유튜브로 부동산 매물을 볼 수 있다는 걸 알게 된 후 원고를 쓰다 한숨이 나올 때면 고향인 안동에 나온 매물을 뒤적이곤 했다. 그중 유독 마음을 끄는 집이 있었는데 인적 드문 한적한 도롯가에 위치한 오래된 집이었다. 한눈에 봐도 오랜 세월 아무도 살지 않은 듯해서 집이라기보다 폐허에 가까웠다. 그래도 그동안 모은 돈으로 100평 정도 되는 땅과 집을 무리 없이 매입할 수 있는 가격이라 심심하면 그 빈집을 들여다봤다. 마당에는 블루베리를 심고 토마토도 키워야지. 배추도 심어서 겨울에 배추전을 해먹을까? 기왕이면 친구들을 마음껏 초대할 수 있게 게스트룸을 만들어두면 좋겠다. 아예 게스트 하우스를 해볼까? 〈리틀 포레스트〉 속 한 장면을 상상하며 시린 겨울을 겨우 보냈다.

이후 회사를 그만두고 노트북만 챙겨 고향집에 내려갔다. 아예 내려가서 살 작정으로. 다시 올라올 기약 없이 오래 지내볼 생각이었다. 전날 밭에서 따온 과일로 샐러드를 해먹고 아침에 뽑아온 야채로 쌈을 싸 먹는 일상은 안온했다. 모든 것이 소진되어 말라 비틀어진 몸과 마음의 에너지가 조금씩 차오르기 시작했다. 그런데 에너지가 충전되자마자 별일 없는 일상이 지루하게 느껴졌다. 나는 한 달도 채 되지 않아 서울로 돌아왔다.

내가 원하는 삶은 대체 어디에 있는 걸까? 따스하고 평온한 삶은 지루하지만 모든 것이 빠른 속도로 흐르는 도시는 버겁다. 서울에서 살 것이냐, 안동에 내려갈 것이냐 고민하다 반드시 한쪽의 삶을 택할 필요는 없다는 걸 깨달았다. 나에게 맞는 삶의 형태를 만들어보기로 했다. 서울에서 일하다 회복이 필요하면 안동으로, 새로운 자극이 필요하면 서울로 향했다. 그러다 보니 자연스럽게 두 도시에서 모두 일이 들어왔다. 그러다 안동에 참기름을 짜고 커피도 내리는 카페를 열기로 결심했다. 스스로에게 부여한 '반반생활자'라는 정체성을 더 적극적으로 펼쳐볼 계획이다.

　누구나 한 번쯤 자기만의 일터를 꿈꾸고, 그중 대부분은 카페가 아닐까. 나 또한 카페 주인이 되어보고 싶었는데, 한적한 동네 카페에 갈 때마다 느껴지는 여유롭고 평온한 분위기가 좋았기 때문이다. 공간은 주인을 닮는다고 했던가. 내가 좋아하는 카페들은 한결같이 주인의 취향을 오롯이 담고 있는 곳이었다. 단골 카페의 분위기, 원두 향기, 마음 저편을 고양시키는 사운드의 플레이리스트…. 그곳의 조명, 온도, 습도 모두가 마음을 어루만져주는 것 같다. 그럴 때마다 이 우주를 다스리는 주인은 이런 곳이 일터라서 얼마나 행복할까, 누군가를 섭외하느라 발을 동동 구르는 일도 없겠지 하는 부러움과 질투의 마음이 들기도 했다. 그러다 정신을 차려보니 내가 바로 카페 사장이 되어 있었다.

김희성

카페 창업은 '불안하지 않고 싶다'는 생각이 시작이었다. 직장인은 언젠간 잘리고 회사는 망한다. 이를 프리랜서에 대입하면 나에게 일을 주는 사람도, 회사도 언젠가는 사라질 수 있다는 이야기다. 누군가가 나에게 일을 의뢰하지 않아도 괜찮고 싶었다. 무엇보다 오래도록 품어온 로망을 이루고 싶었다. 좋아하는 BGM으로 세팅한 카페, 손님이 없을 때 느긋하게 즐기는 독서, 마음껏 만들어 먹는 커피와 디저트, 평온한 매일매일…. 그런데 현실은 내가 세상에서 가장 싫어하는 설거지를 매일매일 해야 하는 삶이 펼쳐졌다. 손님이 없을 때 안온하게 즐기는 독서? 카페를 열고 나서 책은커녕 넷플릭스 따위도 볼 시간이 없다. 손님이 없을 때 해야 할 일이 얼마나 많은데. 그래도 로망 중 하나는 실현하긴 했다. 먹고 싶을 때 맘대로 커피와 음료를 만들어 먹는 것 말이다. 그런데 이것도 제대로 한 잔을 다 마셔본 적이 없다. 밀려오는 주문을 처리하다 보면 뜨거운 커피는 차게 식어 있고 아이스 음료의 얼음은 녹아 맹맹해지기 일쑤다. 오븐도 하나, 체력도 1인분이다 보니 하루에 만들어 팔 수 있는 디저트의 양이 정해져 있어 함부로 먹을 수도 없다. 갓 구운 쿠키를 먹고 싶지만 디저트가 다 팔려 실망할 손님의 얼굴이 떠올라 포기하기도 하고. 결국 카페 마감을 하고 체력이 바닥난 상태에서 재고가 되어 버려질 위기에 처한 눅눅한 디저트를 입에 넣는다. '사장은 갓 구운 디저트가 아닌 재고를 먹는다'가 현실이다.

'단골 카페의 완벽해 보이는 우주는 사장이 아닌 손님을 위한 것이다.' 똥밭을 온몸으로 굴러봐야 똥밭인지 깨닫는 편인 나는 카페를 열고 나서야 어쩌면 당연할지도 모르는 그 진실을 마주했다. 그렇게 카페 사장의 실체(?)를 알아버린 나는 카페 오픈 후 영혼이 탈탈 털린 채로 정신없이 일주일을 보냈다. 그러다 원고 마감을 위해 서울에 와서 모니터 앞에 앉았을 때의 그 행복감이란, 퇴사했을 때의 기쁨과 맞먹을 정도라 당혹스럽기까지 했다. 나의 집, 나의 책상. 그곳은 프리랜서로 일하는 2년 동안 매일 아침 출근하던 곳이었다. 회사가 아닌 거실로 출근하는 평온한 일상에 꽤 만족하며 지내왔지만 일에 치어 밤낮으로 그곳에 있어야 했을 땐 지독하게도 벗어나고 싶었던 곳. 매일매일 원고를 쓰며 살아가는 게 지긋지긋해져서 어떻게 하면 해방될 수 있을까 궁리하다 마침내 그 꿈을 실현했지만, 결국 내가 가장 도망치고 싶었던 곳이 가장 행복감을 주는 곳이었다는 걸 깨닫

김희성

는 계기만 됐다.

천직이 따로 있진 않을까? 떼돈을 벌 기회가 눈앞에서 기다리고 있는데 애써 모른 척하고 있는 건 아닐까? 누구나 한 번쯤 다른 직업을 꿈꾼다. 무엇이든 될 수 있는 프리랜서도 지금 하고 있는 일로부터 '퇴사'하기를 끊임없이 꿈꾼다. 그 일을 정말로 실현해 나에게 새로운 직장을 만들어주고 나니 프리랜서로서 한 단계 진화했다는 느낌이 든다. 나에게 일이 오기만을 기다리는 것이 아닌 주도적으로 내 일을 찾는 사람이 되었다는 자기효능감 말이다. 진정한 프리워커가 되었달까.

5일은 카페에서 일하고 2일은 서울에서 일하며, 나는 그토록 도망치고 싶었던 나의 직업이 천직이라는 사실을 다시 한번 확인하고 로망만 가득할 줄 알았던 카페의 현실을 마주하게 됐다. 하지만 그 속에서 새로운 일의 기쁨을 알아가는 중이다. 모니터 앞에서 낑낑대며 머리를 쓰다 지칠 때쯤, 카페로 가 커피를 내리고 음료를 만들며 일상 근육을 쓴다. 발을 동동 구르며 마감을 맞추느라 여유가 사라질 때쯤엔 누군가의 온전한 휴식을 위한 공간을 꾸미며 흐뭇하게 차오르는 뿌듯함으로 공허해진 마음을 충전한다. 여러 가지 일을 해내느라 고단하기도 하지만 평온한 시간보다 끊임없이 스펙타클한 일이 펼쳐지는 다이내믹한 삶이 체질이라는 걸 이제는 안다.

에디터, 작가, 로컬 크리에이터, 카피라이터, 기획자, 카페 사장… 나는 또 무엇이 될 수 있을까? 아무도 장래 희망을 이야기하지 않는 시대, 프리랜서라는 일의 형태는 나를 먼 곳으로 데려다주고 있다. 겁 많고 안정 지향형인 내가 회사를 박차고 나온 것을 시작으로 직업을 무한히 확장하는 경험을 해보니 모두가 인생에서 한번은 프리랜서가 되어봐야 한다는 확신이 든다. 온전히 스스로를 증명해내야 하는 야생에서 부딪치고 구르다 보면 내 안의 무언가가 분명히 변화하기 때문이다.

발리와 점프수트
그리고 타히티

　큰 집에서 작은 집으로 이사 가는 게 일종의 도전이라고 왜 아무도 알려주지 않았던가. 방 세 개에 베란다가 있는 집에서 방 두 개에 베란다가 없는 집으로 가니 걸어다닐 틈도 없이 이삿짐으로 가득 찼다. 껴안고 살던 많은 물건 중 상당수를 버리고 왔지만 새집에서도 버릴 물건을 솎아내야 했다. 운동복이 든 짐을 풀어 몸에 맞지 않는 레깅스와 더는 입지 않는 브라톱을 하나하나 골라냈다. 버릴 것은 왼쪽, 껴안고 갈 것은 오른쪽에 차곡차곡 정리하다 어디에 둬야 할지 모르는 옷을 발견했다. 나와 퍼스널 컬러가 전혀 맞지 않는 빨간색 점프수트다.

　한때 요가에 심취했던 나는 요가 선생님이 되는 상상까지 할 정도로 진심이었다. 몸과 마음의 균형이라는 텍

스트를 요가를 하며 처음으로 이해했기 때문이다. 당시 다니던 회사 바로 옆에는 유명한 요가원이 두 군데나 있었는데 회사와 가까운 곳에서 뭐라도 해볼까 하는 가벼운 마음으로 요가원에 발을 들인 것이 시작이었다. 아무런 기대도 품지 않고 하게 된 요가 수련이 내 안의 어떤 스위치를 톡 건드렸는지 그 공간에 가만히 앉아 있기만 해도 눈물이 뚝뚝 떨어질 것 같았다. 마음이 단단해진다는 게 뭔지, 이너피스가 뭔지 온몸으로 깨달아가며 나는 매일같이 발리로 요가 여행을 떠나는 상상을 했다. 지도자 과정을 거치고 나면 해외를 떠돌며 요가를 나누는 꿈도 꿨다.

그때 눈에 들어온 것이 그 빨간 점프수트였다. 요가하는 사람들을 위한 일상 수련복을 만드는 브랜드의 옷. 그 점프수트를 입고 도심 여기저기서 요가를 하는 히피펌 언니의 사진을 본 후 그 사진 속 모습은 곧 나의 로망이 되었다. 점프수트가 지독히도 안 어울리는 체형이지만 충동적으로 그 옷을 사고 히피펌을 했다. 하지만 펌이 다 풀려 생머리가 되고 그 후로도 몇 해가 지나도록 발리로 떠나지 못했다. 점프수트는 서랍장에 처박혀 있었고. 그러다 이사를 계기로 잊힌 나의 꿈을 발견했다.

김희성

지금 돌이켜보니 빨간색 점프수트를 살 무렵은 내 인생에서 가장 극심한 번아웃이 왔을 때다. 자연히 요가에 이끌렸던 것도, 아무도 시키지 않은 에세이를 쓰다 인생 첫 책을 내게 된 것도 회사 생활에서 오는 답답함과 피로가 극에 달했기 때문인 것 같다.『질풍노도의 30대입니다만』이라는 책 제목처럼, 나는 삼십 대에 맞닥뜨린 불안과 고민을 책으로 풀어내고 나면 곧장 발리로 떠날 수 있을 줄 알았다. 하지만 글을 쓰며 내 안의 무언가가 치유된 덕분인지, 결단력이 부족했던 탓인지 책을 완성할 즈음 다른 회사로 이직하는 옵션을 택했다. 그때 쓴 저자 소개 말미에도 "따뜻한 나라에서 요가를 하고 글을 쓰며 사는 게 꿈이지만 아직 실행에 옮기지 못하고 있다"고 되어 있다. 그러면 회사를 안 다니는 지금은? 프리랜서로 일하며 바쁘단 핑계로 아직도 못 떠나고 있다. 이쯤 되면 그게 진짜 내가 하고 싶었던 것이 맞나 하는 의심도 든다.

빨간색 점프수트는 딱 한 번 볕을 본 적이 있다. 점프수트만의 운명이 있는지 내가 살면서 가본 곳 중 가장 먼 나라에서 입게 된 것이다. 타히티로 출장 가기 전 나는 충동적으로 점프수트를 캐리어에 욱여넣었다. 폴 고

갱이 말년을 보냈다는 타히티는 이름부터 너무 이국적이라, 나에게는 실제로 갈 수 있는 곳이 맞을까 싶은 미지의 섬과 같았다. 일본 나리타 공항에서 환승할 때 에어타히티누이 항공으로 갈아탔는데, 영화 〈모아나〉에 등장했을 법한 차림의 폴리네시아인들이 꽃 한 송이 쥐여주며 환대해주었다. 꽃의 이름은 티아레. 티아레의 꽃 향기만으로도 타히티가 품고 있는 대자연의 스케일을 조금이나마 짐작할 수 있었다. 뉴욕에 갈 때보다 더 오래 걸려 도착한 폴리네시아의 섬. 그런데 내내 유례없는 비바람이 몰아쳐 몰디브는 잽도 안 된다는 타히티의 환상적인 하늘과 바다색을 온전히 만날 수 없었다. 수상 액티비티는 물론 경비행기를 타고 보라보라섬에 가 점심을 먹고 돌아온다는 호화로운 일정도 비바람 때문에 모두 취소되고 말았다. 수상가옥 중에서도 풍광이 가장 좋고 비싸다는 맨 끝 방에 묵는 호사를 누렸지만 밤새 거세게 치는 파도에 겁에 질려 섬 안에 마련된 마사지 룸에서 잠을 청했다. 발리에서 입으려던 점프수트는 폭풍우가 치는 타히티에서 실컷 입을 수 있었다.

프리랜서가 되면 발리에서 요가하며 노트북으로 일할 줄 알았는데…. 로망을 잔뜩 품고 떠난 타히티 출장에서도 타히티의 진짜 날씨는 반도 체험하지 못하고 돌아왔다. 이상이 가득했던 프리랜서 생활도 마찬가지다. 평온한 동시에 피로와 고단함이 따라다닌다. 인생은 계획대로 흘러가지 않는다고 누가 말했던가. 로망은 실행하는 순간 현실이 될 뿐이다. 그래도 로망에만 그치는 멋진 꿈보다 시도하고 현실로 만드는 편이 훨씬 낫다. '만약에와 언젠가를 땅에 심었는데 아무것도 자라지 않았다'는 말도 있듯.

나는 가끔 서랍에서 빨간 점프수트를 꺼내 입고 일한다. 아무도 보지 않고 아무 데도 가지 않지만 그 옷을 꺼내 입는 것만으로도 공기가 달라지는 기분이다. 키보드를 두드리는 손에 더 리듬이 생기고 업무 메일에도 어딘가 자유분방함이 묻어난다. 빨간 점프수트는 결국 버릴 옷, 남길 옷 중 어디에도 속하지 못하고 중립국에 분류됐다. 나와 점프수트는 지지리도 안 어울리지만 지독한 현실과 로망을 공유한 사이라 이제 함부로 떨어질 수 없다. 내년에는 빨간 점프수트와 함께 발리로 떠날 수 있으려나. 아직 로망만 남은 그곳에선 또 어떤 현실이 펼쳐질까.

티타임이나
할래요?

　　이사를 하면서 집 구조에 대대적인 변화를 줬다. 집의 중심인 거실을 오피스로 만들고 동생과 방을 함께 쓰게 됐다. 방문 닫고 각자 시간을 보내던 예전과 달리 자려고 누우면 곁에 동생이 있다. 대부분의 자매가 그렇듯 누워서 말없이 스마트폰을 본다. 바로 옆에 있는데도 인스타그램으로 웃긴 게시물을 핑퐁처럼 보낸다. 동생과 같이 방앗간 카페를 열기로 하면서 달라진 건 웃긴 콘텐츠가 방앗간 카페와 관련된 온갖 아이디어, 창업에 관한 명언, 브랜딩 사례, 레퍼런스, 부러운 남의 카페 이야기들로 바뀌었다는 것이다. 그렇게 주고받으며 서로의 생각을 가감 없이 이야기하다 보면 좋은 발상이 떠오르기도 하고 의외의 방식으로 고민이 해결되기도 한다.

그래서인지 요즘은 누워 있다 보면 누가 먼저랄 것 없이 방앗간 카페 이야기를 시작할 때가 많다. 우리 이 메뉴는 빼고 저 메뉴는 넣자, 이 브랜드와 콜라보해서 굿즈를 만들자, 바닥 색깔은 이게 좋겠어, 디저트 놓을 선반으로는 이게 어떨까… 각자 낮 동안 생각한 것들을 이야기하다 보면 졸음이 몰려온다. 말하다 졸리면 눈 감은 채로 이야기하다 잠이 든다. 밥을 먹다가도, 카페에서 책을 읽다가도, 기차를 타고 여행 가다가도 누가 먼저랄 것 없이 방앗간 카페 이야기를 시작한다. 그러다 보면 우리가 놀러 나왔다는 것도 잊고, 읽던 책의 진도도 그대로다. 그렇게 한참을 이야기하다 보면 웃음이 터진다. "그런데 우리 왜 또 회의하고 있어?"

회의의 뜻을 사전에서 찾아보면 '여럿이 모여 의논함. 또는 그런 모임'이라고 나와 있다. 최소 두 사람만 있으면 회의는 가능하다. 상사, 동료들과 함께 종종 가지던 티타임도 일의 연장, 회의의 일종이다. 돌이켜보니 그때 커피를 마시며 나눈 시시콜콜한 대화가 많은 영감을 물어다 줬다. 얼마 전에 발견한 멋진 레스토랑 후기, 주말에 다녀온 전시 소식, 최근 발굴한 반짝이는 브랜드나 핫플 이야기에서 어떤 현상을 발견하고 때로는 남들의 괜찮은 취향을 배웠다. 누군가의 다음 달 기획안에 티타임에서의 소소한 이야기들이 발전되어 실리기도 했다. 그런가 하면 끙끙 앓고 있던 문제의 해결책을 잡담을 나누던 동료가 제시해준 적도 있었다.

유현준 교수는 『도시는 무엇으로 사는가』를 비롯한 자신의 저서에서 대도시에 사람들이 모이고 전혀 다른 문화가 섞이면서 창의성과 새로운 예술이 꽃핀다고 말한다. 또한 칸막이 구조는 집중력이 올라가겠지만 창의력은 올라가지 않는다며 사람들이 자연스레 모일 수 있는 공간의 중요성을 강조한다. 코로나19로 리모트 워크가 보편화되면서 사옥이 사라진 미래를 상상했지만 팬데믹 이후 대다수 기업은 재택 대신 사무실 출근을 택했다. 각기 다른 부서의 사람들이 같은 공간에서 점심을 먹고, 라운지에서 눈인사라도 하고, 동아리 활동을 통해 서로 섞이면서 조직 전체의 창의성이 발현된다. 말을 섞을 일이 별로 없는 부장과 사원이 함께하는 식사 자리, 시간 낭비처럼만 느껴지던 회의, 불편하게만 느껴지던 팀장의 티타임 제안…. 알게 모르게 그 속에서 서로가 서로에게 도움을 주고 있었을 것이다.

윗사람들은 왜 그렇게 회의를 좋아하는지 회사 다닐

김희성

땐 좀체 이해할 수 없었는데 오히려 프리랜서가 된 이후로 회의의 힘을 실감하고 자발적으로 크고 작은 회의 자리를 만든다. 이 책을 함께 쓰기로 한 우리 셋도 목차를 쓰기 시작할 즈음 매주 일요일 아침 8시에 줌으로 만났다. 목차 이야기보다 잡담하는 시간이 더 길어지곤 하지만 그 잡담 속에서 누군가는 보석 같은 소재를 발견하는 법이다.

멀미 나는
내 인생

프리랜서의 가장 큰 장점이라고 하면 원할 때 일하거나 떠날 수 있다는 점이다. 한 달 살기를 하러 떠나고 싶다고 치면 여행 전까지 바짝 일을 끝내 여행 자금을 충당하고 여행 일정과 겹치는 일을 최대한 줄이면 된다. 물론 노트북만 있으면 여행지에서도 얼마든지 일을 처리할 수 있다. 오전에 조식을 먹고 호텔에서 원고를 쓰다 오후 느즈막히 맛집을 찾아 늦은 점심을 먹는 삶. 바다가 보이는 카페에 자리 잡고 파도소리를 BGM 삼아 일하다 해질 무렵 숙소로 돌아와 밤늦게까지 맥주에 영화를 안주 삼아 보다 잠드는 일상. 이것이 프리랜서의 삶이라면 이보다 더한 극락이 있을까 싶다.

공교롭게도 코로나가 기승을 부릴 때 퇴사하고 프리

랜서의 삶을 시작하는 바람에 어딘가로 오래 여행을 떠나기가 어려웠다. 최근에 들어서야 해외 출장이니 해외 여행이니 하는 것들이 자연스러워졌으니 말이다. 당시 떠날 수 있었던 곳 중 가장 먼 곳이 제주도였다. 고군분투하며 지내다 한 해의 끝에 일주일 정도 제주도로 리트릿 여행을 떠났다. 나처럼 프리랜서로 일하고 있는 후배와 함께. TV 없는 객실에 요가, 명상, 다도를 할 수 있는 명상 리조트와 비교적 저렴한 가격에 머물 수 있는 숙소 두 군데를 예약했다. 크리스마스 즈음에는 성산 쪽에 머물렀는데, 소박하면서 따스한 분위기에 와인 큐레이션과 안주가 훌륭한 보틀숍에서 재즈를 들으며 크리스마스를 보냈다. 바다도 실컷 보고 발길 가는 대로 정처없이 걷기도 했다. 살짝 흩날리는 눈발이 운치를 더했다. 매일 몸에 과분할 정도로 건강한 제철 요리들을 챙겨 먹고 맛있는 술도 잔뜩 마셨다. '역시 프리랜서의 삶은 즐거워. 마치 재즈 같다고'로 끝나는 에세이면 좋으련만 이것은 인생의 하이라이트만 뽑아 전시해둔 인스타그램 피드에 등장할 법한 장면일 뿐이다.

　　하이라이트 너머 프리랜서의 리트릿 여행은 멀미 그 자체였다. 뚜벅이 여행자라 한 지역에서 다른 지역으로 이동할 땐 버스를 이용했는데, 버스를 타고 가는 사이에 당장 확인해야 하는 일들이 생겨 어쩔 수 없이 흔들리는 차창 안에서도 노트북을 펼쳐야 했기 때문이다. 남들 일할 때 여행할 수 있는 것은 프리랜서의 특권이지만 반대로 생각하면 남들이 일하고 있기 때문에 여행을 떠나서도 일해야 하는 것이 프리랜서의 숙명이다. '휴가 중' 공지를 띄워놓고 오프할 수 있는 직장인과는 입장이 다르니까. 울렁거리는 속을 껌이나 사탕으로 간신히 어르고 달래가며 버스 안에서 모니터를 뚫어지게 봐야 하는 그 심정을 아시는지. 몸에 좋다고 잔뜩 챙겨 먹은 제철 요리는 이런 상황에서 하나도 도움이 되지 않았다.

평소 같았으면 느즈막히 일어나 여유 있게 조식을 즐겼을 텐데, 그날 계획해둔 여행지에 가기 전에 끝내야 할 일이 있어 미라클 모닝을 해야 하는 날도 더러 있었다. 눈을 뜨자마자 초집중 상태로 일을 처리하고 먼 곳으로 이동하는 날이 이어졌고 중간중간 노트북을 수시로 펼쳐야 했으니 머리는 빙빙, 속은 부글부글. 멀미가 나 고역이었다. 왜 일을 다 끝내고 오지 않았냐고? 장기로 하는 프로젝트가 있을 땐 어쩔 도리가 없다. 말처럼 업무를 이리저리 조정한다는 게 쉽지도 않고. 가장 큰 문제는 여행하면서도 언제든지 일을 하고 쉴 수 있을 거라 생각했던 나의 착각이었다.

 "이만한 모니터를 두 대 놓고 배틀 스테이션에 앉아 있다시피 작업을 해요. 카페에 앉아서 우아하게 작업하고 이런 거 없어요. 집에서 추리닝 입고 치열하게 작업을 해야지." '일이 길이 된 사람들'이라는 부제의 〈워큐멘터리〉를 보다 번역가 황석희의 말을 듣고 격하게 공감했다. 센트럴파크 잔디 위에서, 지중해 바다 한가운데에서, 비행기 안에서 유유히 일할 수 있을 거란 상상은 밤새 일해도 머리부터 발끝까지 완벽한 드라마 속 커리어우먼만큼이나 비현실적이다. 내 경우 와이드 모니터와 허먼밀러 의자, 무접점 키보드가 있는 동굴에 틀어박혀 사투를 벌여야 안 될 일도 된다. 막상 해보니 분위기 좋은 카페나 멋진 풍광이 펼쳐진 숙소가 아닌 나의 베이스캠프에서 일할 때가 가장 능률이 오른다. 격렬하게 하기 싫어하다가 도무지 좋은 생각이 떠오르지 않아 머리를 쥐어뜯기도 하면서.

 치열하게 괴로워하거나 꾸역꾸역 해나가는 와중에 길이 생기고 문이 열린다. 앉아 있는 시간에 비례해 진도가 나가지 않을 때가 더 많긴 하지만 말이다. 그러다 나만의 동굴이 지루해서 참을 수 없을 때쯤 또다시 백팩을 둘러메고 어딘가로 떠날 것이다. 어김없이 몰려오는 멀미에 고통받겠지만 이것이 프리랜서만이 누릴 수 있는 지독한 자유의 맛이 아닐까 싶다.

김희성

모든 일은
마감이 해준다

    나의 첫 책을 읽고 사람들이 삼십 대의 기분, 일, 연애에 대해 많이 물어볼 줄 알았는데, 의외로 가장 많이 받은 질문은 "회사 다니기도 바쁜데 언제 책 한 권을 썼어?"였다. 퇴근하고 뭔가를 배우거나 새로운 일을 도모해본 사람들은 공감할 테지만 그게 여간 피곤한 일이 아니다. '오늘은 영어 공부도 하고 글도 쓰고 책도 읽고 자야지' 하고 다짐해도 퇴근길 지옥철을 견디고 나면 그럴 기력이 남지 않는다. 집에 오면 노트북을 켜기는커녕 앉아 있기도 싫은 날이 대부분이다. 지쳐 잠들어버린 날도 한두 번이 아니고. 회사에 다니면서 책 한 권을 완성하려면 보통 부지런한 정도로는 안 된다고 생각하는 것도 어쩌면 당연하다. 책을 냈다고 하니 주위 직장인들은 나에게 대단히 근면성실한 면모가 있다고 생각하는 것 같았다.

일거수일투족을 가장 가까이서 지켜본 동생들은 알겠지만 나는 부지런하기보다 게으른 쪽에 가깝다. 파워 P 그 자체인 나는 계획표를 짜서 움직일 만큼 주도면밀하지도, 지구력이 있지도 않다. 퇴근 후에는 배부르게 먹고 유튜브 영상을 보며 깔깔 웃다가 눕는 걸 세상에서 제일 좋아한다. 회사에서도 온종일 활자를 보는데, 집에서까지 묵직하게 엉덩이를 붙이고 글을 쓰기가 싫다. 나의 장점이 있다면 내 단점을 잘 안다는 것. 이런 면모를 잘 알기에 하고 싶은 것이 생기면 그것을 할 수밖에 없도록 환경을 세팅한다. 어떻게 하냐고? 하고 싶은 일을 일단 저지르거나 마감을 설정하는 거다.

마감의 마법은 잡지사에서 일하면서 알게 되었다. 매달 마감을 맞이하는 편집부에서 일하다가 신기한 걸 느꼈는데 아무리 안 풀리는 일도, 도저히 해낼 수 없을 것 같은 일도 마감일에 맞춰 다 해결된다는 것이었다. 수년간 수백 차례의 마감을 하며 그 효력을 실감한 나는 섭외가 잘 안 되어 발을 동동 구르거나 쓸 원고가 산더미같이 쌓여 압박감이 심해질 때면 '괜찮아. 기사는 마감이 써주니까' 하며 스스로를 달래곤 한다.

버킷리스트 중 하나였던 '내 책 내기'를 결심했을 땐 일주일에 한 번 '브런치'(현 브런치스토리)에 글 발행하기를 마감으로 삼았다. 집에서 엉덩이를 붙이고 글을 쓸 체력이 없으니 출퇴근길 지하철에서 노이즈 캔슬링 이어폰을 꽂고 메모장이나 브런치에 조금씩 글을 써나갔다. 매주 화요일 밤까지는 (여러 번의 퇴고를 거쳐) 모든 준비를 마치고 수요일 오전 출근길 지하철에서 글을 발행하는 것이 목표. 혼자서는 흐지부지될 것 같아 그림을 잘 그리는 친구에게 내 글에 일러스트를 그려달라고 부탁했고 결국 친구도 합류하게 됐다. 우리가 정한 규칙은 다음과 같다.

일요일 밤까지 - 에세이 완성해 그림 작가에게 전달하기
월요일부터 화요일까지 - 그림 작가가 일러스트 작업해
글 작가에게 전달하기, 글 작가는 그동안 에세이 퇴고
그림 완성 후 수정 사항 있으면 상의해 반영
수요일 오전 출근길(8시경) 브런치에 글과 그림 발행

아무도 시키지 않은 팀플이 시작됐고 둘 중 한 명이 내리지 않는 이상 끊임없이 나아가는 열차에 탑승한 셈이 됐다. 우리는 스스로 만든 규칙에 괴로워하면서도 일정을 어기지 않고 꾸준히 글을 쓰고 그림을 그려나갔다. 40편 정도 글을 발행하면 우리 둘이 돈을 들여 독립 출판을 하자고 했는데 기쁘게도 출판사의 제안을 받아 계약금을 받고 책을 출간할 수 있었다. 출판사와 계약하고 나서부턴 무조건 '해내야만' 하는 환경이 세팅된 셈이니 저절로 책 한 권이 완성될 수밖에 없었다. 하고 싶은 일이 있다면 이런 식으로 일단 사고(?)를 치는 게 낫다. 잘하고 싶은 욕심이 많은 나는 분명 제대로 수습하려고 노력할 테니 말이다.

프리랜서로 일하면서도 "어떻게 그렇게 열심히 일해? 너 참 부지런하다"는 이야기를 많이 듣는다. 일단 새로운 환경에 던져지는 스릴을 나름 즐기고 낯선 도전도 좋아하는 편이라, 한 번도 해보지 않은 일이라도 제안이 오면 일단 수락하고 보는 편이다. 평소에 잘 다루지 않던 분야의 칼럼을 기고한다 치면, 지레 겁먹고 거절하는 대신 머리를 쥐어뜯으면서 쓰다 보면 저절로 그 분야를 공부하게 된다. 그것도 내돈내산 공부가 아닌 고료를 받으면서 하는 공부 말이다. 모 대학의 학생들을 대상으로 글쓰기 강의 요청이 왔을 때도 한 번도 해보지 않은 일이지만 일단 하겠다고 한 후 준비해나갔다. 일단 '수락'하면 펑크를 낼 수도 없는 노릇이고, 나를 섭외해준 분께 누가 되지 않도록 잘 해내야 하기 때문에 열심히 할 수밖에 없다. 새끼 사자를 절벽에 떨어뜨리는 엄마 사자의 마음처럼 나는 하고 싶은 무언가가 있을 때 나를 직접 벼랑 끝에 세운다.

부록

궁지에 몰릴 때
하는 것들

　마감이 다가온다. 어떻게든 다 될 거라는 걸 알지만 불안하고 초조하다. 써야 할 원고는 산더미고 해결해야 할 문제가 산적해 있지만 이젠 도망칠 수도 없다. 무조건 해내야만 한다! 우린 슈퍼 프리랜서니까. 극한의 마감 기간, 각자 자기만의 수행은 도움이 된다.

❶ 오버나이트 오트밀 만들기

　본격적으로 운동을 하게 되면서 즐겨 먹게 된 아침 식사 중 하나가 오버나이트 오트밀이다. 일단 저울을 꺼내 커다란 컵을 얹은 다음 오트밀 30그램을 정확히 붓는다. 그 위에 플레인 요거트, 저지방 우유를 붓고 냉장실에 넣어둔다. 다음 날 아침 적당히 불은 오트밀에 아가

베 시럽을 타 먹으면 꿀맛이다. 별것 아닌 일이지만 궁지에 몰린 마감 기간에는 이조차 번거롭게 느껴진다. 원고를 쓰다 도저히 안 풀릴 때 자리를 박차고 일어나 오버나이트 오트밀을 만들며 심호흡을 하면 마음이 차분히 가라앉는다. 그리고 바쁜 와중에도 나를 위해 내일 아침 식사를 만들었다는 사실에 뿌듯해진다.

———————————————————————— *김희성

❷ '밀리의 서재'로 독서하기

내 인생에 전자책은 없다며 책은 무조건 종이책이라고 외치던 나는 생일선물로 받은 크레마를 계기로 밀리의 서재와 사랑에 빠졌다. 스마트폰으로도 간편하게 책을 볼 수 있고 서점에 가지 않고도 손쉽게 자료를 찾아볼 수 있으니 새로운 문명을 접한 것 같았다. 급기야 1년 결제를 하고 나의 프라이빗 서점처럼 드나들고 있다. 원고를 쓰다 잘 안 풀릴 때, 밀리의 서재에서 괜히 아무 책이나 뒤적거린다. 그러다 보면 귀신같이 한 줄의 문장에서 영감을 얻어 글을 완성할 힘이 생긴다. 뱀이 제 꼬리를 물고 빙빙 도는 꿈을 꾼 다음 벤젠 고리 이론을 발견한 케쿨레처럼 무언가를 갈구하는 잠재의식이 꼭 필요한 문장들을 찾아내는 게 아닐까 싶다.

＊김희성

❸ 넷플릭스 〈헤드스페이스 : 명상이 필요할 때〉

정말 궁지에 몰릴 때는 1분 1초도 아깝다. 화장실 갈 시간도 없다는 게 모두 과장은 아니다! 그렇다고 해서 뇌가 과부하된 채로 진도가 안 나가는 원고를 붙잡고 있는 건 더 큰 걸 고려하지 못하는 셈이다. 차라리 그럴 땐 침대로 가 눕는다. 그리고 넷플릭스 〈헤드스페이스 : 명상이 필요할 때〉를 켠다. 인터렉티브 방식의 명상 프로그램인 헤드스페이스는 '현재 감정은 어떤가요?', '시간이 얼마나 있나요?'라는 질문을 한다. 원하는 답을 누르면 명상의 세계로 안내한다. 늘 마음이 바빠 2분밖에 없다고 답하지만 그 2분 동안 명상을 하고 나면 뇌를 샤워시킨 느낌이다. 정신이 맑아져 안 되던 일도 술술 풀린다. 한번 해봐라. 효험은 장담한다.

＊김희성

❹ 발레 공연 틀고 멍 때리기

진짜 바쁜 사람은 그저 멍하니 모니터를 바라볼 뿐

이다. 바빠 죽겠다고 말할 시간조차 없으니까. 이럴 때면 차분한 클래식 음악이나 발레 공연을 틀어놓고 원고를 쓴다. 토슈즈를 신은 발레리나의 예리한 발끝을 보면서 '나도 손가락으로 기민하게 키보드를 두드려야지' 하고 다짐하게 된다. 한평생 인간의 한계에 도전한 발레리나의 공연을 볼 때면 내가 쓰는 원고쯤은 가뿐하게 해낼수 있을 것 같다. 그리고 발레리나의 등과 팔에 가득한 잔근육을 보면 늦은 밤 야식의 유혹도 사라진다. 이렇듯 원고가 써지지 않을 땐 공연을 보며 잠시 멍을 때리기도하고, 또 용기와 절제를 얻기도 한다.

—————————————————— *유승현

❺ 주방으로 뛰어가 카레 끓이기

월간지 작업이 말미로 향할수록 식사가 형편없어진다. 시간이 절대적으로 부족한 탓인데, 파인 다이닝, 건강식 기사를 쓰며 편의점에서 사온 삼각김밥이나 햇반을 데워 먹을 때 경험하는 모순은 연중행사일 지경이다. 원고가 너무 써지지 않을 땐 하던 일을 내려놓고 주방으로 향한다. 도마를 꺼내 뚝딱뚝딱 채소를 썰고 요리를한다. 조리 과정이 너무 복잡하거나 먹는 데 시간이 걸리는 음식은 피한다. 주로 카레를 요리하는데 감자, 당근, 양파를 숭덩숭덩 썰어 볶으면 잠시나마 원고에서 멀어질 수 있다. 묵은 김치에 카레 한 입이면 정신적 피로가 녹는다. 나에게는 떠오르지 않는 영감의 끈을 부여잡는 것보다 정성껏 끓인 카레 한 입을 먹는 편이 낫다.

— *유승현

❻ 빨래 곱게 접기

마감의 여파는 정신적, 육체적 피로뿐 아니라 집에서도 드러난다. 집은 마치 폐허가 된 전쟁터처럼 쑥대밭이 된다. 반듯하게 세워진 책 한 권이 없고 소파에는 잡초처럼 옷가지들이 자라난다. 화장실은 물때가 자욱하다. 마감을 끝내고 제일 먼저 하는 일은 언제나 청소다. 그럼에도 빨래는 묵힐 수 없기에 원고를 쓰는 틈틈이 세탁기를 돌린다. 나는 건조기가 있는데도 햇볕에 빨래를 말리는 게 좋다. 물기를 탁탁 털어낼 때면 복잡한 생각이나 불필요한 단어들이 머릿속에서 사라지는 것 같아서다. 또 마른 빨래를 개면서 막혔던 원고도 이렇게 반듯하게 정리하면 좋겠다는 생각을 한다. 20~30분의 짧은 가사노동에 머릿속이 환기된다. 종종 사람들에게 내

꿈은 주부라고 말하는데, 마감 기간이 되면 유독 종일 빨래를 하며 집을 가꾸고 싶단 생각이 든다. 빨래를 갤 시간조차 없을 때는 정전기 청소포를 꺼내 온 집 안을 쓴다. 청소포에 딸려 나오는 머리카락, 고양이 털, 먼지를 치울 때의 쾌감도 상당하다.

＊유승현

❼ 뉴진스 영상 보기

청량한 매력과 트렌디한 스타일, 특유의 귀여움, 우아하고 순수한 분위기. 이 모든 것을 장착한 다섯 명의 소녀에게 나는 내 일상을 모두 바쳤다. 2022년 여름, 어쩌다 〈어텐션〉 뮤직뱅크 직캠 영상을 보게 된 후 속절없이 뉴진스에게 빠져버린 것이다. 겉모습뿐만 아니라 옥구슬 굴러가는 목소리와 쫀득한 춤선, 데뷔한 지 얼마 안 된 아이돌 같지 않은 능수능란한 표정 연기에 눈길을 뗄 수가 없다. '#뉴진스'로 검색해 멤버별 직캠 쇼츠를 10분 정도 보고 있으면 스트레스 지수가 한풀 꺾이고 집 나갔던 영감이 다시금 떠오르곤 한다.

＊오한별

부록

❽ 비즈 액세서리 만들기

가지고 있는 재주가 별로 없는 내가 유독 자부심을 보이는 취미는 바로 '비즈 액세서리' 만들기다. 알록달록한 비즈로 목걸이나 반지, 팔찌를 만들어 지인들에게 선물하는 게 너무 좋다. 꽃 모양 비즈는 유독 만들기 헷갈려서 피나는 연습으로 겨우 마스터했다. 1밀리미터 정도 되는 알록달록한 비즈를 낚싯줄에 끼워 넣는 행위를 2시간 반복하면 머리가 저절로 멍해진다. 마치 백팔배를 끝마친 느낌이 든달까? 조금이라도 마음에 안 들면 풀어서 다시 꿰는 내가 너무 싫지만, 정신 수련에 이만한 작업이 없다.

＊오한별

없다면
그냥 만들지 뭐

내가 진정으로 행복하게 일할 수 있는 일터가 없다면 내 손으로 직접 만든다! 만든 사람도 나, 지키는 사람도 나 하나뿐이지만 '나'라는 회사에도 규칙과 복지들이 필요하다.

규칙

❶ 자체 퇴직금 통장 만들기

프리랜서는 퇴직금이 없다. 갑자기 몸이 안 좋아지거나 다른 분야로 도전하기 위해 일을 그만둔다 해도 안전망이 되어줄 자금이 없다. 그래서 나는 수익금의

5~10%를 퇴직금 명목으로 꾸준히 저축하고 있다. 종합소득세 절세를 위해 노란우산공제를 통해 저축하는 것을 추천한다. 언젠가 회사에 다시 들어가거나 새로운 분야의 창업을 위해 발돋움하는 시간이 필요하다 해도 나는 프리랜서로 살아온 나의 시간을 존중하고 위로하는 의미로 퇴직금을 주고 싶다. 친구, 가족과 마음 편히 술잔을 기울이고 종일 긴 잠을 자본 게 언제던지. 퇴직금은 남들보다 적게 자고 바쁘게 일했으며, 또 멈추지 않고 성장한 나에게 건네는 칭찬이 되지 않을까? 물론 이 퇴직금을 되도록 아주 늦게 수령하고 싶은 마음이다.

— * 유승현

❷ 다른 사람 업무 시간에는 나도 일한다

프리랜서라고 해서 늘 원하는 시간에 일하는 건 아니다. 프리랜서 초창기에는 자고 싶은 만큼 자고 일어나 느즈막히 업무를 시작했다. 하지만 일하다 보니 남들 일할 때 나도 일하는 게 효율적이라는 교훈을 얻었다. 나에게 일을 맡긴 사람들은 거의 다 직장인이므로 그들이 출근해 있을 시간에 소통하고 처리해야 할 일들이 생기기 마련이다. 그래서 나는 월요일부터 금요일까지는 매일 오전

7시에 알람을 맞추고 주말에는 알람을 끈다. 여기까진 다른 직장인과 비슷하다 여길지도 모르지만 나를 위한 복지도 슬쩍 숨겨 놓았다. 바쁘지 않은 시기에는 대낮에 미술관을 가거나 일주일에 한두 번 정도는 여유로운 낮에 운동을 하러 간다. 프리랜서니까 이 정도 호사는 누려야지 뭐.

＊김희성

❸ 밤샘 작업 금지

프리랜서 초창기에는 뭣도 모르고 밤을 새웠다. 직장인 시절 일하던 버릇이 남아 있어서 마감 막바지까지 밤새 휘몰아치게 일한 것이다. 그렇게 몇 년 일하다 밤샘 작업이 오히려 일하는 속도를 더디게 만든다는 사실을 깨달았다. 종일 피곤하고 흐리멍덩한 정신 상태로 작업하다 보면 실수가 당연히 나오는데 그걸 수습하다가 하루를 보낸 적도 있었고, 몸은 몸대로 피곤하고 일은 일대로 잘 안 풀리니까 마음이 조급해지기도 했다. 밤샘 작업으로 얻은 게 일석이조의 스트레스라니! 그래서 '샷다운' 타임을 밤 11시로 정했다. 11시가 되면 노트북에 켜진 수십 개의 창을 닫고 시스템 종료를 누른 동시에 나도 함께 로그아웃한다. 일을 마무리하지 못했어도 차라리 다음 날 아침 일찍 일어나 후딱 해버리는 것이 훨씬 능률적이었다. 억지로 쏟아지는 잠을 참고 밤새도록 일해봐야 괜찮은 결과물이 나오기는커녕 몸만 더 피로해질 뿐이니까. 잠을 잘 자야 일도 잘 되는 법이다!

———————————————————— *오한별

❶ 사장님이 쏜다! 1년 2회 호캉스

나는 호텔에 체크인해서야 비로소 일상과 로그아웃 되었다고 느낀다. 다른 장소도 아닌 유독 호텔이 온전한 휴식의 장소가 되는 건 김영하 작가가 『여행의 이유』에서 말했듯 일상의 근심이 없는 공간이기 때문일 것이다. 연 2회 떠나는 호캉스는 내가 나에게 선물하는 복지다. 자영업을 시작한 데다 N잡러라 아직 멀리 떠날 엄두가 안 나서 호캉스는 국내 5성급 호텔에서 먹고 마시며 보낸다. 호텔에 체크인하는 순간 해피아워도 즐겨야하고 피트니스 센터와 수영장도 이용해야 하니 여기서도 바쁨이 휘몰아친다. 누워 있는 걸 제일 좋아한다면서 왜 가만히 누워서 쉬질 못하는지 잘 모르겠지만 그렇게 한바탕 즐거운 시간을 보내고 나면 그동안 쌓인 스트레스가 모두 해소된 기분이다. 그리고 다음 날 체크아웃을 하고 집에 돌아와 다음 날까지 알람을 맞추지 않고 쿨쿨 잔다. 이때 쓰는 돈? 하나도 아깝지 않다.

———————————————————— *김희성

❷ 집무실 인테리어만큼은 내 취향대로!

원하는 대로 사무 환경을 바꿀 수 있는 회사원은 드물 것이다. 그저 좋아하는 향의 룸스프레이를 두어 번 뿌리고 앙증맞은 캐릭터의 피규어로 회사 책상을 장식하길 여러 번, 나는 끝내 만족하지 못했다. 이게 한이 되어서일까, 노트북만 있으면 어디든 사무실이 되는 디지털 노마드 프리랜서라지만 집무실만큼은 원하는 가구들로 채웠다. 두 달을 기다려 일본에서 배송받은 책장 겸 선반도, 내 키에 꼭 맞는 사무용 의자도 모두 나만을 위한 것이다. 더 저렴하고 튼튼하며, 배송이 빠른 것도 많다지만 취향에 안 내키는 것을 어쩌겠나. 일의 능률은 물론이고 나의 만족을 위해 원하는 가구, 아이템들로 집무실 인테리어를 마쳤다.

＊유승현

❸ 일주일에 한 번 문화생활 데이

업무가 휘몰아칠 때면 '잠시 멈춤' 상태가 된다. 이럴 때 나에게 잠깐 숨 고르는 시간을 주는데, 일주일에 하루 영화나 전시를 보러 가는 것이다. 특히 원고 마감이 앞뒤로 빡빡할 때 꼭두새벽 조조 영화를 보면 그렇게 스릴이 넘친다. 일하는 내내 긴장감을 유지하다 보니 너무 피로해서 중간에 한 번 안정시키는 타임을 가져야 한다. 장르는 안 가리는 편인데, 이럴 때 보는 영화는 킬링 타임용이면 제일 좋다. 너무 뻔하고 유치해서 다시는 안 볼 것 같은 그런 영화들. 그렇게 어두컴컴한 극장에서 영화 한 편을 다 보고 나오면 복잡했던 머릿속이 텅 비어버린다. 그리고 집에 돌아오면 지지부진하던 원고가 주르륵 써지고 생각도 환기되어서 도움이 된다.

＊오한별

살다 살다 프리랜서도 다 해보고

ⓒ 오한별·유승현·김희성

초판 인쇄	2024년 02월 06일
초판 발행	2024년 02월 23일

지은이	오한별 유승현 김희성
펴낸이	지영주
편 집	고은희 한수림
표지 디자인	어나더페이퍼
본문 디자인	데시그
마케팅	최기현
경영 지원	정의정 신세련

펴낸 곳	㈜자이언트북스
출판 등록	2019년 5월 10일 제2019-000085호
주소	경기도 고양시 덕양구 덕은1로 5 2층
전화	070-7770-8838
팩스	02-516-5320
홈페이지	www.giantbooks.co.kr
전자우편	books@giantbooks.co.kr
인스타그램	https://www.instagram.com/giantbooks_official/

ISBN	979-11-91824-37-7 (03190)